essentials

Essentials liefern aktuelles Wissen in konzentrierter Form. Die Essenz dessen, worauf es als „State-of-the-Art" in der gegenwärtigen Fachdiskussion oder in der Praxis ankommt. *Essentials* informieren schnell, unkompliziert und verständlich

- als Einführung in ein aktuelles Thema aus Ihrem Fachgebiet
- als Einstieg in ein für Sie noch unbekanntes Themenfeld
- als Einblick, um zum Thema mitreden zu können

Die Bücher in elektronischer und gedruckter Form bringen das Fachwissen von Springerautor*innen kompakt zur Darstellung. Sie sind besonders für die Nutzung als eBook auf Tablet-PCs, eBook-Readern und Smartphones geeignet. *Essentials* sind Wissensbausteine aus den Wirtschafts-, Sozial- und Geisteswissenschaften, aus Technik und Naturwissenschaften sowie aus Medizin, Psychologie und Gesundheitsberufen. Von renommierten Autor*innen aller Springer-Verlagsmarken.

Stefan Georg · Chris Heiler · Tatjana Derr

Die Auswirkungen der hohen Inflationsraten auf die Unternehmens-bewertungen

Stefan Georg
Quierschied, Deutschland

Chris Heiler
Saarbrücken, Deutschland

Tatjana Derr
Saarbrücken, Deutschland

ISSN 2197-6708   ISSN 2197-6716   (electronic)
essentials
ISBN 978-3-658-44528-7   ISBN 978-3-658-44529-4   (eBook)
https://doi.org/10.1007/978-3-658-44529-4

Die Deutsche Nationalbibliothek verzeichnet diese Publikation in der Deutschen Nationalbibliografie; detaillierte bibliografische Daten sind im Internet über https://portal.dnb.de abrufbar.

Planung/Lektorat: Vivien Bender
Springer Gabler ist ein Imprint der eingetragenen Gesellschaft Springer Fachmedien Wiesbaden GmbH und ist ein Teil von Springer Nature.
Die Anschrift der Gesellschaft ist: Abraham-Lincoln-Str. 46, 65189 Wiesbaden, Germany

Das Papier dieses Produkts ist recycelbar.

Was Sie in diesem *essential* finden können

- Das *essential* untersucht, wie hohe Inflationsraten die Unternehmensbewertung beeinflussen, insbesondere im Zusammenhang mit den Discounted-Cashflow-Methoden (DCF).
- Das Ziel ist die Analyse der vielfältigen Auswirkungen hoher Inflationsraten über die Makroökonomie hinaus, sowohl auf die Einnahmen als auch den Gesamtwert von Unternehmen.
- Das *essential* beleuchtet, wie die Geldentwertung die einzelnen Parameter der DCF-Verfahren konkret beeinflusst, um Veränderungen in finanziellen Modellen zu verstehen.
- Kritische Prognosen werden durch empirische Analysen von ausgewählten DAX-40-Unternehmen überprüft, um theoretische Überlegungen zu validieren.
- Zusammenfassend zeigt das *essential,* dass hohe Inflationsraten zwar generell negative Auswirkungen auf Geldflüsse haben, aber Unternehmen individuell unterschiedlich darauf reagieren können. Es bietet Einblicke in mögliche Strategien zur Bewältigung dieser Herausforderungen.

Inhaltsverzeichnis

Abkürzungsverzeichnis

$(r_m - r_f)$	Marktrisikoprämie
A_0	Anschaffungsauszahlung
Abb.	Abbildung
AEU	Arbeitsweise der europäischen Union
AG	Aktiengesetz
App.	Appendix
APV	Adjusted Present Value
A_t	Auszahlung
BCF	Brutto-Cashflow
BGB	Bürgerliches Gesetzbuch
BMW	Bayerische Motoren Werke
bspw.	beispielsweise
BUW	Brutto-Unternehmenswert
bzw.	beziehungsweise
CF	Cashflow
CF_{nom}	nominaler Cashflow
CF_{real}	realer Cashflow
DAX	Deutscher Aktienindex
DCF	Discounted-Cashflow
DRS	Deutscher Rechnungslegungsstandard
DZ	Diskontierungszinssatz
EBIT	Earnings Before Interest and Taxes
EBITDA	Earnings Before Interest, Taxes, Depreciation and Amortization
EG	Europäische Gemeinschaft
EK	Eigenkapital
EK_{MW}	Marktwert des Eigenkapitals

Eng.	Englisch
E_t	Einzahlung zum Zeitpunkt t
et al.	et alii
EU	Europäische Union
EuGH	Europäischer Gerichtshof
EZB	Europäische Zentralbank
f.	folgende
FAUB	Fachausschuss für Unternehmensbewertung und Betriebswirtschaft
FCF	Free-Cashflow
FCF_T	erwartete Free-Cashflows
ff.	fortfolgende
FK	Fremdkapital
FK_{MW}	Marktwert des Fremdkapitals
FTE	Flow to Equity
g	langfristige Wachstumsrate der Free-Cashflows
g_{CF}	Wachstumsrate des Cashflows
GE	Geldeinheiten
ggü.	gegenüber
GewStG	Gewerbesteuergesetz
G_{infl}	Inflationsrate
GK	Gesamtkapital
GK_{MW}	Marktwert des Gesamtkapitals
GuV	Gewinn- und Verlustrechnung
HGB	Handelsgesetzbuch
HVPI	Harmonisierter Verbraucherpreisindex
I	Kalkulationszinssatz
I_{real}	Realzins
i. S. d.	im Sinne des
i. V. m.	in Verbindung mit
IAS	International Accounting Standards
IDW	Institut der Wirtschaftsprüfer in Deutschland
IFRS	International Financial Reporting Standards
I_{nom}	Nominalzins
Insb.	Insbesondere
K_0	Kapitalwert
Mrd.	Milliarden
n	Nutzungsdauer
NOPAT	Net Operating Profit After Taxes
Nr.	Nummer

o. J.	ohne Jahresangabe
o. S.	ohne Seitenangabe
p	pro
p. a.	per anno
Q	Quartal
r_{EK}	Eigenkapitalkosten
$r_{EK, UV}$	vollständige Eigenfinanzierung
$r_{FK, n. St.}$	Fremdkapitalkosten nach Steuern
r_f	risikoloser Zinssatz
RW	Restwert
S.	Seite
sog.	sogenannt
β_{EK}	Betafaktor
t	Zeitpunkt
T	Endzeitpunkt der Detailplanungsphase
Tab.	Tabelle
TCF	Total-Cashflow
TS	Tax-Shield
U	Unternehmen
u.	und
UW	Unternehmenswert
Vgl.	Vergleiche
VPI	Verbraucherpreisindex
VW	Volkswagen
WACC	Weighted Average Cost of Capital
WPG	Die Wirtschaftsprüfung
WpHG	Wertpapierhandelsgesetz

Abbildungsverzeichnis

Tabellenverzeichnis

Inflationsraten und deren Auswirkungen

1

Die letzten Jahre zeichnen sich durch radikal veränderte ökonomische und gesellschaftliche Bedingungen aus. In der Weltwirtschaft und allen voran in der Eurozone lässt sich eine erhöhte Verunsicherung beobachten. Die Auswirkungen der Corona-Pandemie, welche sich gerade in einer Nach-Corona-Aufschwungsdynamik zeigt, sind noch immer weitreichend. Ferner führt der Ukraine-Krieg zu zerrüttenden Lieferketten, die aufgrund von Sanktionen und Lieferstopps in einer Energieknappheit in der Eurozone resultieren. Sowohl Verbraucher als auch Unternehmen sind infolgedessen von signifikanten Preissteigerungen betroffen.[1] Besonders die hohen Energie- und Rohstoffpreise (insb. bei Erdgas) führen zu steigenden Inflationsraten in Europa. Die Eurozone unterlag im *Oktober 2022* einer Inflationsrate von *10,4 %* – der höchste Wert seit mehr als *70 Jahren.* Dies führt dazu, dass die Europäische Zentralbank mit einer relevanten Zinserhöhung nach elf Jahren Nullzinspolitik – begründet durch die Bekämpfung der Finanzkrise in den Jahren *2008/2009* – reagiert.[2] Die Zinswende bildet neben den vorab genannten Ereignissen einen weiteren Einflussfaktor auf die Belastung des Privatsektors und der Unternehmen.[3]

---

[1] Vgl. Weeber (2022, S. 1); Grozea-Helmenstein et al. (2022, S. 5); Welfens (2022, S. 129); Zugehör (2022, S. 1); Zwirner et al. (2022, S. 1); Gerbes (2022, S. 36); Hüttche und Schmid (2022, S. 496); IDW (2022, S. 7); Schwarz (2022, S. 1).

[2] Vgl. Welfens (2022, S. 129 f.); Statistisches Bundesamt (2022a, o. S.); Zwirner et al. (2022, S. 1).

[3] Vgl. Schulz (2022, o. S.); Danzer (2022, S. 18).

© Der/die Autor(en), exklusiv lizenziert an Springer Fachmedien Wiesbaden GmbH, ein Teil von Springer Nature 2024
S. Georg et al., *Die Auswirkungen der hohen Inflationsraten auf die Unternehmensbewertungen*, essentials,
https://doi.org/10.1007/978-3-658-44529-4_1

Die steigenden Inflationsraten resultieren in steigenden Zinsen am Kapital-markt, da Kapitalgeber erhöhte Renditeforderungen verlangen. Die Auswirkungen auf Unternehmen sind finanziell relevant, weshalb sich deutliche Einflüsse auf den Jahres- bzw. Konzernabschluss sowie die Unternehmensbewertung feststellen lassen.[4] Insbesondere die höheren Zinssätze, die für die Attraktivität von Finan-zierungen maßgeblich sind, stellen für die Unternehmenswerte ein wesentliches Problem dar.

Diverse betriebswirtschaftliche Disziplinen können zur Unternehmensbewer-tung herangezogen werden. Neben der Investitionstheorie, der Kapitalmarkt-theorie, der Finanzplanung und des betrieblichen Rechnungswesens können die betriebliche Steuerlehre, die strategische Unternehmensplanung und zuletzt die Entscheidungstheorie zum Zweck der Bewertung von Unternehmen betrachtet werden.[5]

In praxi gibt es diverse Möglichkeiten zur Ermittlung des Unternehmenswer-tes. Die vorliegende Abhandlung fokussiert sich auf die Unternehmensbewertung mittels der *Discounted-Cashflow*-Verfahren (DCF-Verfahren). De facto ist das DCF-Verfahren eine der am meisten genutzten Methoden zur Ermittlung des Unternehmenswertes.[6] Das DCF-Verfahren wird als sog. Gesamtbewertungsver-fahren bezeichnet, das sich von den Einzelbewertungsverfahren und Mischver-fahren hinsichtlich der Bewertungskonzeption unterscheidet. Die Einzelbewer-tungsverfahren und Mischverfahren werden in dieser Abhandlung vernachlässigt. A priori haben die Gesamtbewertungsverfahren zum Ziel, den künftigen Unter-nehmenswert anhand der Ertragskraft des Unternehmens abzuleiten.[7] Nach den DCF-Verfahren wird der Unternehmenswert mittels der Summe der abgezinsten, erwarteten künftigen *Free-Cashflows* ermittelt, die sich aus einem detaillierten Planungszeitraum ermitteln lassen und ceteris paribus an Eigentümer ausge-zahlt werden können.[8] Ferner wird der Erhalt der Unternehmenssubstanz und die ordentliche Fortführung der Geschäftstätigkeit gem. § 252 HGB unterstellt *(Going-Concern-Prinzip)*. Die Diskontierung erfolgt mit einem risikoadjustierten Kapitalkostensatz.[9] Der aussagekräftige Wert des Unternehmens in der Gegen-wart, der durch die Diskontierung ermittelt wird, ist in signifikanter Weise

---

[4] Vgl. Zugehör (2022, S. 1).

[5] Vgl. Kuhner und Maltry (2017, S. vii).

[6] Vgl. Heesen und Heesen (2021, S. 1); Eisenzapf et al. (2022, S. 281); Schmeisser (2010, S. 6); Ernst et al. (2017, S. 1).

[7] Vgl. Heesen und Heesen (2021, S. 3).

[8] Vgl. Eisenzapf et al. (2022, S. 281); Kaiser (2013, S. 379); Eayrs et al. (2011, S. 295).

[9] Vgl. Hasler (2013, S. 24 und 29).

durch die Inflationsraten beeinflusst. Unternehmen spüren einen Vertrauensverlust vonseiten der Investoren hinsichtlich zukünftiger Unternehmensgewinne. Die Unternehmensbewertung sinkt aufgrund der steigenden Zinskosten, da die Überschüsse stärker diskontiert werden. Unternehmen haben jedoch prinzipiell die Möglichkeit, die höheren Preise an die Endkunden weiterzugeben, wodurch ein Potenzial entsteht, den Unternehmenswert zu steigern. Am Beispiel vom E-Commerce-Konzern *Amazon* wird dies deutlich. Gemäß Schätzungen von *Morgan Stanley* plant *Amazon* trotz der weltweit hohen Inflation Rekordgewinne zu verzeichnen.[10] Des Weiteren können Unternehmen hohe Preise für unelastische Güter, wie bspw. Grundnahrungsmittel oder Energie, an Endkunden weitergeben. Dementsprechend liegt eine sog. unelastische Nachfrage vor, wenn ein Preisanstieg zu einem unterproportionalen Rückgang der Nachfrage führt.[11]

Sowohl die Inflation als auch die Unternehmensbewertung sind umfassende Themenfelder, wobei sich diese Abhandlung auf die Schnittstellen der beiden Termini konzentriert. Der Fokus der vorliegenden Studie liegt auf einer theoretischen Betrachtung und empirischen Analyse der hohen Inflationsraten und deren Implikationen auf die Unternehmensbewertung, um die Effekte der Inflation auf die Liquidität und Solvenz von Unternehmen darzustellen. Im ersten Teil erfolgt die theoretische Analyse der Termini Inflation und Unternehmensbewertung, die den Kern dieser Abhandlung darstellt. Insbesondere die jüngste Entwicklung der Inflationsraten sowie die in praxi am häufigsten verwendeten Verfahren zur Unternehmensbewertung werden in diesem Abschnitt analysiert. Vor allem dem Einfluss der hohen Inflationsraten auf das DCF-Verfahren kommt eine exponierte Bedeutung zu. Im darauffolgenden Teil ermöglicht die empirische Analyse ausgewählter *DAX-40*-Unternehmen des Automobilsektors Aussage über den Einfluss der hohen Inflationsraten auf die Bewertung von Unternehmen. Die empirische Analyse soll die theoretischen Erkenntnisse unterstützen, um ein relevantes Forschungsergebnis zu eruieren. Insb. die Betrachtung der *Free-Cashflows* ist hierbei hervorzuheben. Das Ausmaß und die Intensität der hohen Inflationsraten sollen an dieser Stelle empirisch validiert werden. Anzumerken ist, dass Fachliteratur und Fachbeiträge zur Unternehmensbewertung in ausreichender Menge vorliegen. Lediglich die expliziten Auswirkungen der gegenwärtigen Inflation verdeutlicht, dass aufgrund der Aktualität hierfür kaum wissenschaftliches Schrifttum vorliegt. Diese Abhandlung hat daher zum Ziel, diese Lücke zu schließen und durch die theoretische sowie empirische Analyse die hauptsächlich betroffenen Parameter

---

[10] Vgl. Gerbes (2022, S. 36).
[11] Vgl. Perret und Welfens (2019, S. 148); Münter (2018, S. 36); Breulmann (2022, o. S.).

zu kategorisieren. In aktuellen Fachdiskussionen und Schrifttum sind hauptsächlich die Branchen *Energie* und *Konsumgüter* stark von der Inflation betroffen,
jedoch sind diese Unternehmen nicht Bestandteil der empirischen Analyse, da
die Preise weitestgehend auf die Kunden übertragen werden.[12] Die Automobilbranche unterliegt sowohl Preissteigerungen auf dem Beschaffungsmarkt als
auch höheren Kapitalkosten,[13] weshalb ein besonderes Augenmerk auf *DAX-40-*
Unternehmen dieser Branche liegt. Die Preise für Energieprodukte verzeichnen
im *September 2022* einen Anstieg von *43,9 %* ggü. dem Preisniveau des Vorjahresmonats. Die Preise für Nahrungsmittel sind im *September 2022* um *18,7 %*
ggü. dem Vorjahresmonat gestiegen. Die Inflationsrate ohne Energieprodukte und
Nahrungsmittel beziffert sich auf *4,6 %*.[14] Neben der theoretischen Analyse,
die die direkten Auswirkungen auf Kapitalkosten, Zinssätze und Bewertungsverfahren eruiert, geht die vorliegende Abhandlung zusätzlich der Fragestellung
auf den Grund, ob bei den betrachteten *DAX-40*-Unternehmen Angaben zu den
hohen Inflationsraten im Anhang, Lagebericht und Prognosebericht vorzufinden
sind. Darüber hinaus ist die Art der Angabe respektive prognostische Angaben
zu künftigen Entwicklungen Bestandteil der empirischen Analyse. Abschließend
stellt sich vor dem Hintergrund dieser Abhandlung die Frage, ob die skalierenden
Inflationsraten einen signifikanten Einfluss auf den Wert der betrachteten Unternehmen aufweisen und somit die Prognosen diverser Fachdiskussionen sowie
Fachartikel bestätigt werden können.

---

[12] Vgl. Schwarz (2022, S. 2).
[13] Vgl. Menzel (2023, o. S.).
[14] Vgl. Statistisches Bundesamt (2022a, o. S.); Welfens (2022, S. 139).

Theoretischer Hintergrund der Inflation

2

2.1 Begriffsdefiniton und makroökonomische Korrelationen

Eines der wichtigsten Ziele der Ökonomie ist die Beibehaltung des Geldwertes, um wirtschaftliche Stabilität zu gewährleisten.[1] Das neoklassische Volkswirtschaftsmodell beschreibt das Rahmenkonzept, innerhalb dessen Güter und Dienstleistungen gegen monetäre Werte getauscht werden. Das Güter- und Dienstleistungsangebot zeichnet sich durch eine gewisse Eigenständigkeit aus, insofern das Angebot an Gütern und Dienstleistungen die Realwirtschaft beschreibt. Jedoch haben Änderungen der monetären Kurse an den Finanzmärkten signifikante und sachimmanente Auswirkungen auf die Realwirtschaft.[2] Grundsätzlich können sich demnach Preise für Güter und Dienstleistungen innerhalb einer Marktwirtschaft aufgrund von Änderungen an den Finanzmärkten ebenfalls verändern.

Liegt ein allgemeiner und anhaltender Preisanstieg vor, dann wird dieser Zustand als Inflation klassifiziert. Der Wert einer Währung respektive die Kaufkraft des Geldes verringert sich bei einer Inflation.[3] Die Inflationsrate steigt in Relation zum ökonomischen Preisanstieg für Güter und Dienstleistungen sowie der damit korrelierenden Geldwertminderung, die in einer verringerten Kaufkraft

---

[1] Vgl. Weeber (2022, S. 31).

[2] Vgl. Gröschel (1986, S. 11).

[3] Vgl. Europäische Zentralbank (2022a, o. S.); Statista (2022a, o. S.); Weeber (2022, S. 32); Meitner und Streitferdt (2011, S. 237).

der Konsumenten resultiert.[4] Geldwertveränderungen können zur Klassifikation wie folgt unterschieden werden:

- Inflation: Anhaltender Anstieg des Preisniveaus.
- Disinflation: Positive Steigerungsraten auf geringem Niveau.
- Deflation: Anhaltendes Sinken des Preisniveaus.[5]

Das vorliegende Preisklima kann durch diverse Preisindikatoren gemessen werden. Jedoch wird in praxi die Relevanz des harmonisierten Verbraucherpreisindex (HVPI) und Vebraucherpreisindex (VPI) deutlich. Der HVPI vergleicht die Preisänderungen in der Eurozone, der demgemäß die gesamte Inflationsrate für die Eurozone ermittelt.[6] Die Ermittlung der nationalen HVPI erfolgt auf Basis europäischer Richtlinien. Die Grundlage hierfür bilden die Verordnung *(EG) Nr. 2016/ 792* und die Verordnung *(EU) 2020/1148*. Der deutsche HVPI ermittelt sich aus derselben Datenbasis wie der VPI. Dabei werden sowohl die monatlichen Preiserhebungen als auch die Ermittlung der Feingewichte der Wägungsschemata analysiert.[7] Um die annuale Geldwertminderung zu quantifizieren, gibt es diverse Indikatoren bzw. Einflussfaktoren, die den VPI beschreiben. Der VPI ist eine Kennzahl, die sich auf den Haushalt eines durchschnittlichen Endverbrauchers bezieht.[8] Der VPI umfasst dabei rund *750* Produkte und Dienstleistungen,[9] die regelmäßig vom Statistischen Bundesamt definiert werden.[10] Als Kerninflation wird die Art von Inflation bezeichnet, bei der besonders volatile Güter *(preisbezogen)* wie bspw. Energieprodukte sowie Lebens- und Genussmittel nicht betrachtet werden.[11] Der jährliche Geldwertverlust kann in drei Kategorien aufgeteilt werden:

---

[4] Vgl. Beeker (2016, S. 165); Lippens (1991, S. 243); Gasch (2022, S. 9); Bundeszentrale für politische Bildung (o. J., o. S.).

[5] Vgl. Weeber (2022, S. 32 f.); Gasch (2022, S. 10).

[6] Vgl. Weeber (2022, S. 33).

[7] Vgl. Statistisches Bundesamt (2022b, o. S.).

[8] *Durchschnittlicher Verbraucher i. S. d. § 13 BGB i. V. m. EuGH GRUR Int 2005, 44.*

[9] *Davon 650 Produkte.*

[10] Vgl. Beeker (2016, S. 192); Statista (2022a, o. S.); Ivanov (2022, o. S.); Gasch (2022, S. 9).

[11] Vgl. ZEIT ONLINE (2022, o. S.).

- *Hyperinflation:*   Monatlicher Geldwertverlust > 50 %[12]
- *Starke Inflation:*   Jährlicher Geldwertverlust > 5 %
- *Leichte Inflation:*   Jährlicher Geldwertverlust < 5 %[13]

Die Folgen der hohen Inflationsraten resultieren in einer erhöhten Umlaufgeschwindigkeit des Geldes. Ferner nimmt der Kaufkraftverlust proportional zu.[14] Je höher der Geldwertverlust ist, desto größer ist der Verlust der Effizienzfunktion des Geldes, ceteris paribus.[15] Demgemäß können zukünftige Inflationsraten zum Bewertungszeitpunkt nicht bekannt sein, da das zukünftige Preisniveau mit der zirkulierenden Geldmenge korreliert.[16] Weiterhin lässt sich festhalten, dass Unternehmen aufgrund der künftigen geldpolitischen Erwartungshaltung präferiert kurzfristige Verträge abschließen. Darüber hinaus investieren Unternehmen häufiger kurzfristig, um den Erwartungsrisiken entgegenzuwirken. Investitionen, die erst langfristig rentabel sind, werden unter einer hohen Inflationsrate weniger getätigt. Zuletzt verringert die Inflation auch die Ersparnisse der Verbraucher, indem der Geldwertverlust zunimmt.[17] Zudem sinkt der Realwert von Forderungen mit zunehmender Inflation.[18] Dementsprechend werden die Möglichkeiten der Kreditinstitute zur Freigabe von langfristigen Krediten durch die hohen Inflationsraten beeinträchtigt.[19]

Grundsätzlich können inflationäre Prozesse nach Verteilungs-, Wachstums- und Arbeitsmarktwirkungen unterschieden werden – letztere Auswirkungen werden in dieser Abhandlung nicht betrachtet:

1. *Verteilungswirkungen:*
   - Der Realwert der Forderungen sinkt, wodurch Schuldner profitieren.
   - Mit zunehmender Inflation sinkt der Realwert des Lohnes.
   - Sozialleistungen können nicht latenzfrei an die steigenden Inflationsraten angepasst werden.

---

[12] Vgl. Weeber (2022, S. 32); Gasch (2022, S. 10).

[13] Vgl. Gasch (2022, S. 10).

[14] Vgl. Gasch (2022, S. 10); Bundeszentrale für politische Bildung (o. J., o. S.).

[15] Vgl. Anderegg (2007, S. 233).

[16] Vgl. Meitner und Streitferdt (2011, S. 237).

[17] Vgl. Boerner (2009, S. 34).

[18] Vgl. Weeber (2022, S. 39).

[19] Vgl. Bundeszentrale für politische Bildung (o. J., o. S.).

- Erhöhte Auswirkungen auf die Vermögensverteilung sind durch die steigenden Inflationsraten zu beobachten.
2. *Wachstumswirkungen:*
- Oft ist eine Flucht in Sachwerte zu beobachten, wodurch die Gefahr von Überkapazitäten entstehen kann. Insb. der Immobiliensektor unterliegt dieser Nachfragesteigerung.
- Auswirkungen auf die Exportwirtschaft sind spürbar, da Wechselkurseffekte vorliegen.
- Es kommt zum Aufbau von Überkapazitäten aufgrund schneller Preisanstiege. Die mangelnde Nachfrageanpassung führt zudem zur Rezession.
- Die Nachfrage nach Gütern sinkt in Korrelation zur Inflationsrate. Aufgrund dessen sinken Unternehmen die Produktion, und langfristige Investitionen sind weniger rentabel.[20]

Um der Inflation entgegenzuwirken, muss eine Volkswirtschaft eine restriktive Geldpolitik und eine zunehmende Arbeitslosigkeit als auch sinkende Realeinkommen verkraften. Weiterhin muss die Zentralbank die umlaufende Geldmenge verringern, wodurch die Güternachfrage sinkt. Infolgedessen werden die Produktion und Beschäftigung eingeschränkt. Schlussendlich sinken die Lohnerhöhungen, und die vorliegenden Preise steigen signifikant langsamer an. Sobald die Inflationsrate auf ein niedrigeres Niveau stabilisiert wird, passen die Wirtschaftsteilnehmer ihre Inflationserwartungen an das niedrigere Inflationsniveau an, wodurch die Produktion und Beschäftigung wieder ansteigt – ceteris paribus. Dieser Sachverhalt wird als Disinflationspolitik bezeichnet.[21]

2.2   Entwicklung der Inflation

2.2.1   Die Historie der Inflation

Aus wirtschaftspolitischer Sicht unterlag der Geldwert bereits vor der heutigen Wirtschaftsordnung saisonalen Schwankungen.[22] Der Terminus Inflation reicht bis in das *17. Jahrhundert* zurück, in welchem die übermäßige Geldausgabe und das Ausprägen von Münzen in der Geldentwertung resultierte.[23] In den

---

[20] Vgl. Weeber (2022, S. 39–42); Boerner (2009, S. 34).

[21] Vgl. Wellmann und Hünseler (2003, S. 143); Herrmann (2012, S. 359).

[22] Vgl. Gasch (2022, S. 12); Schmitz (2016, S. 1).

[23] Vgl. Walter (2011, S. 161); Gasch (2022, S. 13).

Jahren *1914* bis *1923* und *1936* bis *1948* unterlag Deutschland einer bis dato historisch höchsten Hyperinflation.[24] Grund hierfür waren die Folgen der beiden Weltkriege, die zu hohen Kriegsschulden und Sozialausgaben führten. Die sog. verdeckte Inflation von *1936* bis *1948* resultierte faktisch in einer Enteignung der Anleger und Sparer. Von *1970* bis *1980* unterlag die gesamte Weltwirtschaft aufgrund von diversen Preisschocks hinsichtlich Nahrungsmittel und Öl einer hohen Inflation.[25] Aufgrund der historischen Erfahrungen wurden Zentralbanken geschaffen, die zur Aufgabe haben, die Vereinnahmung der Geldpolitik durch den Staat zu verhindern.[26] Der aktuelle Forschungsstand blickt bereits auf viele überwundene Wirtschaftskrisen und Inflationen zurück, weshalb der Verlauf der gegenwärtigen Inflation präzise zu verfolgen ist, um Auswirkungen auf die Unternehmensbewertung zu messen.

2.2.2 Die gegenwärtige Inflation

Seit Beginn des Ukraine-Krieges wird die Infaltionsrate besonders stark durch Energieprodukte sowie Nahrungsmittel bestimmt. Darüber hinaus sind bis dato Folgen der Corona-Pandemie ein wesentlicher Einflussfaktor. Der jüngste signifikante Anstieg lässt sich durch die Energieknappheit in Form von russischen Lieferstopps begründen. Im *Oktober 2022* hat die Inflation im Euroraum den Höchstwert von *10,6 % p. a.*, verglichen mit dem Verbraucherpreis des Vorjahresmonats, erreicht. Die Inflationsrate in Deutschland betrug *8,8 % p. a.*[27] Die Preise für Energie haben sich um merkliche *41,5 %* zum Vorjahresmonat erhöht. Ferner sind Lebens- und Genussmittel von der Inflation stark betroffen. Folglich wurde eine Preissteigerung von *11,8 % p. a.* im *September 2022* auf *13,1 % p. a.* im *Oktober 2022* verzeichnet.[28] Insb. die Preise für Nahrungsmittel sind im *September 2022* um *18,7 %* ggü. dem Vorjahresmonat gestiegen. Die bereinigte Inflationsrate ohne Energieprodukte und Nahrungsmittel beziffert sich auf *4,6 % p. a.*[29] Für *November 2022* lag eine Inflationsrate von *8,8 % p. a.* vor. Sowohl die Verbraucherpreise für Energieprodukte als auch Nahrungsmittel steigen um *43 %*

---

[24] Vgl. Walter (2011, S. 161); Deutsche Bundesbank (2012, o. S.).

[25] Vgl. Deutsche Bundesbank (2012, o. S.).

[26] Vgl. Deutsche Bundesbank (2012, o. S.); Gasch (2022, S. 13).

[27] *Grundlage für die Ermittlung ist der VPI.*

[28] Vgl. ZEIT ONLINE (2022, o. S.); Statistisches Bundesamt (2022c, o. S.).

[29] Vgl. Statistisches Bundesamt (2022a, o. S.); Welfens (2022, S. 139).

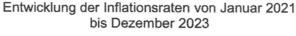

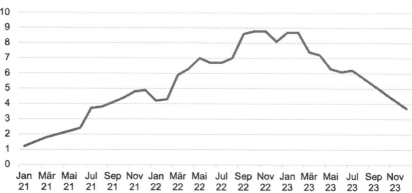

Abb. 2.1 Veränderung der Verbraucherpreise ggü. Vorjahresmonat. (Quelle: Eigene Darstellung, in Anlehnung an Statistisches Bundesamt 2023, o. S.)

respektive *20,3 %* p. a. an.[30] Im *Februar 2023* betrug die Inflationsrate *8,7 %* *p. a.* Die Preisveränderungen für Energieprodukte belaufen sich auf eine Preissteigerung von *23,1 %* ggü. dem Vorjahresmonat. Die Preise für Nahrungsmittel stiegen um *20,2 % p. a.*[31] Die sinkende Inflationsrate kann durch die Anhebung des Leitzinses durch die EZB begründet werden. Ferner ist zu erkennen, dass die Zinsen für Kredite, im Bereich der Unternehmens- und Immobilienfinanzierungen, signifikant angestiegen sind. So konnte bspw. eine Immobilie im *Januar 2022* zu einem Zinssatz von unter *1,0 %* p. a. finanziert werden. Aktuelle Immobilienfinanzierungen kosten bereits über *3,0 %* p. a.[32] Abb. 2.1 verdeutlicht im Folgenden die signifikanten monatlichen Veränderungen der Verbraucherpreise ggü. den Vorjahrespreisen für den Zeitraum von 2021 bis 2023 in %:

---

[30] Vgl. Statistisches Bundesamt (2022c, o. S.).

[31] Vgl. Statistisches Bundesamt (2023, o. S.).

[32] Vgl. Zwirner/Zimny/Vodermeier (2022, S. 7).

2.3   Die Geldpolitik der Europäischen Zentralbank

Die EZB und die nationalen Zentralbanken der Eurozone bilden das Eurosystem, ein Zusammenschluss des Zentralbankensystems. Insb. die EZB verfolgt gem. *Artikel 127 Absatz 1 des AEU-Vertrags* das primäre Ziel, die Wahrung eines stabilen Preisniveaus zu gewährleisten.[33] Um dieses Niveau zu erreichen, plant die EZB mit einer jährlichen Inflationsrate von *2 % p. a.,* um einer Deflation vorzubeugen.[34] Die Aufgaben der EZB reichen von der Aufsicht über Kreditinstitute bis hin zur Stabilitätssicherung des Bankensystems der Eurozone und den teilnehmenden Mitgliedstaaten. Die Sicherung der Preisstabilität und Schaffung von Arbeitsplätzen werden durch die Geldpolitik der EZB gesteuert. Zudem gehören sowohl diverse Aufgaben in den Sparten Statistik, Finanzstabilität, makroprudenzielle Politik als auch Aufgaben zur europäischen Zusammenarbeit zu den wesentlichen Aufgaben der EZB.[35]

Ein Problem der Geldpolitik der EZB liegt darin, dass der einheitliche Euro-Zinssatz in Korrelation zu den durchschnittlichen Entwicklungen aller Euro-Staaten steht. Dies führte dazu, dass der Zinssatz insb. für Deutschland hoch war. Die Zinssenkung des Jahres *1998* auf einen Leitzins von *3 % p. a.* resultierte de facto in einer effektiven Zinssenkung von *0,3 % p. a.* für Deutschland.[36] Der Leitzins stellt den Zinssatz für das Hauptrefinanzierungsgeschäft der Banken und Kreditinstitute dar.[37] Das Hauptrefinanzierungsgeschäft bezeichnet denjenigen Zinssatz, den Banken und Kreditinstitute für das Aufnehmen von Geldern zahlen müssen, das für die Vergabe von Krediten benötigt wird.[38] Um die wirtschaftliche Entwicklung der Eurozone zu sichern, führt die EZB eine sog. antizyklische Geldpolitik durch, um Konjunkturzyklen abzuschwächen. In Zeiten einer Rezession, in denen die gesamtwirtschaftliche Nachfrage sinkt, sorgt eine expansive Geldpolitik für einen Investitionsstimulus. Die Zinsen werden verringert, und die umlaufende Geldmenge wird erhöht. Dies resultiert in einer erhöhten Vergabe von Krediten durch Kreditinstitute, wodurch Investitionen günstiger zu finanzieren sind. Ist die gesamtwirtschaftliche Nachfrage größer als das Angebot, sorgt eine restriktive

---

[33] Vgl. Europäische Zentralbank (2022b, o. S.); Gasch (2022, S. 10); Conrad (2020, S. 450); Georg (2024a, o. S.)

[34] Vgl. Gasch (2022, S. 10); Conrad (2020, S. 451).

[35] Vgl. Europäische Zentralbank (2022b, o. S.); Conrad (2020, S. 450); Herrmann (2012, S. 359); Zwirner et al. (2022, S. 5 f.).

[36] Vgl. Conrad (2020, S. 442 f.).

[37] Vgl. Statista (2022b, o. S.); Liedke (2022, o. S.); Zinnecker (2022, o. S.).

[38] Vgl. Pfannmöller (2018, S. 188); Vgl. Conrad (2020, S. 458).

Geldpolitik dafür, dass die Nachfrage abgeschwächt und signifikante Preissteigerungen vermieden werden. De facto wird die Geldmenge verringert, und die Zinsen werden erhöht, weshalb Kreditinstitute die Zinssätze für Kapital ebenfalls erhöhen.[39] Demzufolge führt die Erhöhung des Leitzinses zu einem geringeren Wirtschaftswachstum und zur Eindämmung der Inflation.[40]

Summa Summarum basiert die Geldpolitik der EZB auf einer Zweisäulenstrategie:

1. Analyse der langfristigen Entwicklung der Geldmenge und Zinsen sowie dem Abgleich mit
2. der Analyse der langfristigen gesamtwirtschaftlichen Entwicklung der Eurozone.[41]

Der Verlauf der Leitzinsanpassungen verdeutlicht, dass seit *Juli 2022* ein rasanter Anstieg von *0,5 %* auf *2,0 %* p. a. zum *November 2022* erfolgte.[42] Im *Februar 2023* stieg der Zinssatz für das Hauptrefinanzierungsgeschäft weiter auf *3,0 % p. a.*[43] Der Anstieg ist durch die aktuell skalierende Inflation und deren Bekämpfung durch die EZB zu erklären. Die EZB hat zum Ziel, eine Inflationsrate von *2 %* p. a. zu erreichen. In der Vergangenheit gab es Höchstwerte für den Leitzins von *4,75 %* p. a. im *Oktober 2000* und in der Finanzkrise von *4,25 %* p. a. im *Juli 2008.*[44] Abb. 2.2 zeigt den Verlauf der Leitzinsentwicklung der EZB von *1999* bis *2023:*

Demgemäß gilt, dass – begründet durch die internationale Bankenkrise – die EZB eine Leitzinsanpassung vornahm, um den Folgen entgegenzuwirken. Die weiteren Entscheidungen der EZB hinsichtlich der gegenwärtigen Inflation bleiben abzuwarten. Langfristig wird das Inflationsziel von *2,0 %* p. a. die Folge sein.

---

[39] Vgl. Conrad (2020, S. 451); Liedke (2022, o. S.); Zwirner et al. (2022, S. 3); Regner (2022, S. 36).

[40] Vgl. Liedke (2022, o. S.).; Georg (2024b, o. S.).

[41] Vgl. Conrad (2020, S. 451).

[42] Vgl. Statista (2022b, o. S.); Deutsche Bundesbank (2022, o. S.); Zinnecker (2022, o. S.).

[43] Vgl. Deutsche Bundesbank (2023, o. S.).

[44] Vgl. Statista (2022b, o. S.).

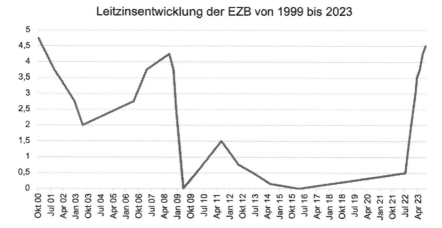

Abb. 2.2 Leitzinsentwicklung der EZB von 1999 bis 2023. (Quelle: Eigene Darstellung, in Anlehnung an Statista 2022b, o. S.; Deutsche Bundesbank 2023, o. S.)

Theoretische Analyse des Einflusses der Inflation auf die Verfahren der Unternehmensbewertung

3

3.1 Grundlagen der Unternehmensbewertung

Zur Quantifizierung eines Unternehmenswertes sind in Wissenschaft und Praxis diverse Verfahren bekannt. Grundsätzlich ist die Bewertung jedoch planungs- und situationsabhängig. Jede Bewertung ist stets mit Unsicherheiten behaftet, sodass Wertsteigerungspotenziale immer auf einer umfassenden Analyse aller Chancen und Risiken des Bewertungsobjekts beruhen.[1] Die nachfolgende Abb. 3.1 zeigt die Untergliederung der Bewertungsverfahren auf. Insb. auf das DCF-Verfahren wird sich in dieser Abhandlung fokussiert:

Die Betrachtung von Zahlungsströmen ist von hoher Relevanz für die Unternehmensbewertung, da mit diesen der Ertragswert eines Unternehmens ermittelt werden kann. Wiederkehrende finanzielle Überschüsse werden als Ertragswert *(in Englisch: Cashflow)* eines Unternehmens bezeichnet.[2] Der Ertragswert beziffert finanzmathematisch den Bruttokapitalwert eines Unternehmens.[3] Die Gesamtbewertungsverfahren basieren auf der Investitionstheorie, insb. auf dem Kapitalwertkalkül. De facto werden Unternehmen als Investitionsobjekte betrachtet, die einen Mittelzufluss generieren sollen. Für die Unternehmensbewertung sind zukünftige Mittelzuflüsse relevant, weshalb sie auf einen ausgewählten Bewertungsstichtag diskontiert werden. Wird die Unsicherheit der Modellrechnungen vernachlässigt, bleibt sowohl das Problem der Beurteilung von erwarteten Mittelzuflüssen als

---

[1] Vgl. Seppelfricke (2012, S. 1); Matschke und Brösel (2014, S. 1).

[2] Vgl. Seppelfricke (2012, S. 1); Schmidlin (2020, S. 174).

[3] Vgl. Ballwieser und Hachmeister (2021, S. 15).

Abb. 3.1 Untergliederung der Bewertungsverfahren. (Quelle: Eigene Darstellung, in Anlehnung an Ballwieser und Hachmeister 2021, S. 9)

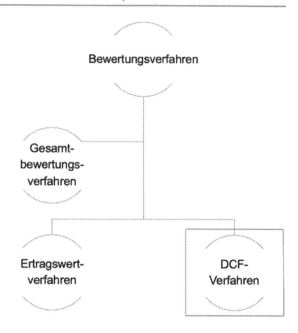

auch das der korrekten Verzinsung bestehen.[4] Die Diskontierung erfolgt mit dem risikoadjustierten Kapitalkostensatz, der durch die Inflationsraten direkt beeinflusst wird.[5] Hierdurch werden der Bruttokapitalwert, der Ertragswert oder der DCF ermittelt, die letztlich dasselbe darstellen.[6] Der Terminus Gesamtbewertungsverfahren unterliegt deshalb dieser Bezeichnung, da der Unternehmenswert nicht als Saldo der einzelnen Aktiva und Passiva der Bilanz berechnet wird. Vielmehr stellt er die aus der Nutzung der einzelnen Vermögenswerte generierten Mittelzuflüsse dar, die der Eigentümer letztlich entziehen kann.[7]

Die objektive Bewertungskonzeption zur Ermittlung des Unternehmenswertes findet sich auch im Standard *IDW S1* des Fachausschusses für Unternehmensbewertung und Betriebswirtschaft (*FAUB*) des Instituts der Wirtschaftsprüfer

---

[4] Vgl. Hirth (2017, S. 7 f.); Georg et al. (2021, S. 3).

[5] Vgl. Hasler (2013, S. 24 u. 29); Kaiser (2013, S. 379); Eayrs et al. (2011, S. 295); Seppelfricke (2012, S. 22).

[6] Vgl. Ballwieser und Hachmeister (2021, S. 9).

[7] Vgl. Ballwieser und Hachmeister (2021, S. 10); Heesen und Heesen (2021, S. 3).

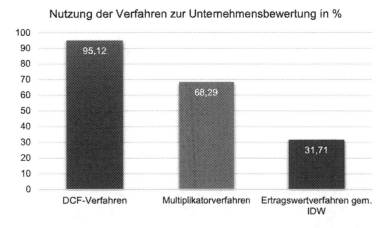

Abb. 3.2 Meistgenutzte Verfahren der Unternehmensbewertung. (Quelle: Eigene Darstellung, in Anlehnung an Matschke und Brösel 2013, S. 300)

(*IDW*).[8] Der objektive Unternehmenswert wird gem. *IDW 2008, Rz. 32* als die am Bewertungsstichtag vorliegende Ertragskraft bezeichnet.[9] Im Folgenden verdeutlicht Abb. 3.2 die praktische Relevanz der ausgewählten Verfahren, wodurch der Fokus dieser Abhandlung auf das DCF-Verfahren deutlich wird. *Brösel/ Hauttmann* ermittelten in einer empirischen Studie aus dem Jahr *2007* die am häufigsten verwendeten Methoden zur Ermittlung von Konzessionsgrenzen respektive Unternehmenswerten. Es stellte sich heraus, dass das *Free-Cashflow*-Verfahren – als Variante des DCF-Verfahrens – am populärsten ist:[10]

Neben den Bewertungsverfahren, die in Abschn. 3.2 bis 3.4 betrachtet werden, kann weiterführend der Einfluss der hohen Inflationsraten unmittelbar bei Investitionsentscheidungen betrachtet werden. Das dynamische Investitionsrechnungskalkül der Kapitalwertmethode ermöglicht, die zeitliche Struktur von Ein- und Auszahlungen zu berücksichtigen.[11] Die steigenden Zinsen am Kapitalmarkt resultieren in höheren Kalkulationszinssätzen, da die Kapitalgeber aufgrund der Inflation eine höhere Verzinsung fordern. Die mathematische

---

[8] Vgl. weiterführend IDW 2008 sowie Matschke und Brösel (2013, S. 782–794); Wenzel und Hoffmann (2009, S. 25).

[9] Vgl. Matschke und Brösel (2014, S. 5); Bieg und Kußmaul (2009, S. 303).

[10] Vgl. Matschke und Brösel (2013, S. 299).

[11] Vgl. Dilger (2021, S. 1).

Ermittlung des Kapitalwerts (K_0) erfolgt durch die Diskontierung der zu den jeweiligen Zeitpunkten (t) anfallenden Ein- und Auszahlungen (E_t *und* A_t) abzüglich der Anschaffungsauszahlung (A_0). Die Diskontierung erfolgt mittels des Kalkulationszinssatzes (i) über die geplante Nutzungsdauer (n), der die geforderte Mindestverzinsung des Kapitalgebers darstellt. De facto ermittelt sich der Kapitalwert wie folgt:[12]

$$K_0 = -A_0 + \sum_{t=1}^{n} \frac{E_t - A_t}{q^t} = -A_0 + \sum_{t=1}^{n} \frac{EZ\ddot{U}_t}{(1+i)^t}$$

Die Höhe des Kapitalwerts korreliert mit dem Kalkulationszinssatz.[13] Diese funktionale Korrelation bedarf einer kritischen ökonomischen Betrachtung, um die Auswirkungen der Inflationsraten auf den Kalkulationszinssatz zu bewerten. Dieser Sachverhalt verdeutlicht, dass bereits einzelne Investitionen durch die Inflationsraten beeinflusst werden. Festzustellen ist, dass höhere Zinskosten bei diversen Investitionsobjekten zu einer sinkenden Rentabilität führen. Die erhöhte Zinslast führt zu einer niedrigeren Bewertung des Unternehmens, insofern einzelne Investitionsobjekte zum Zweck der Unternehmensbewertung betrachtet werden – ceteris paribus.

3.2   Analyse ausgewählter Bewertungsverfahren

3.2.1   Grundlagen der DCF-Verfahren

Die DCF-Verfahren können in Equity- und Entity-Vorgehensweisen (bzw. Netto- und Brutto-Vorgehensweisen) differenziert werden. Die Equity-Vorgehensweise (wie bspw. das Ertragswertverfahren) hat zum Ziel, den Wert des Eigenkapitals eines Unternehmens zu bestimmen.[14] Die unterschiedlichen Verfahren basieren auf den nachfolgenden *Cashflow*-Ausprägungen.[15] Die Entity-Vorgehensweise ist gekennzeichnet durch diverse Methoden, nämlich den *WACC*-Ansatz *(Weighted Average Costs of Capital),* den *TCF*-Ansatz *(Total-Cashflow),* den *FCF*-Ansatz *(Free-Cashflow)* und den *APV*-Ansatz *(Adjusted-Present-Value). App. A* stellt

---

[12] Vgl. Becker und Peppmeier (2018, S. 57 f.); Georg et al. (2021, S. 78); Hirth (2017, S. 40); Bieg und Kußmaul (2009, S. 98); Seppelfricke (2012, S. 23).

[13] Vgl. Hirth (2017, S. 54).

[14] *Wird auch als Flow to Equity (FTE) bezeichnet.*

[15] Vgl. Bieg und Kußmaul (2009, S. 275).

die Zahlungsstromverfahren in einer Synopse dar. Die allgemeine Formel zur Bestimmung des Unternehmenswertes durch die DCF-Verfahren ergibt sich über folgende Formel:[16]

$$UW = \sum_{t=1}^{T} \frac{CF_t}{(1+i)^t} = \sum_{t=1}^{T} \frac{CF_t}{(1+i)^t} + \sum_{t=1}^{T} \frac{RW_{CF,T}}{(1+i)^T} \text{ mit } RW_{CF,T} = \frac{CF_{T+1}}{i - g_{CF}}$$

Demzufolge stellt *UW* den Unternehmenswert, *T* den Endzeitpunkt der Detailplanungsphase, CF_t den Cashflow zum jeweiligen Zeitpunkt *t*, *i* den Kalkulationszinssatz, *RW* den Restwert zum Ende des Planungszeitraums und zuletzt g_{CF} die Wachstumsrate des Cashflows dar.[17] Die durch die hohen Inflationsraten steigenden Kapitalisierungszinssätze resultieren in einer Erhöhung des Kalkulationszinssatzes (*i*) der Detailplanungsphase. Aufgrund dessen kann die direkte negative Auswirkung auf den bewertungsrelevanten *Cashflow* (*CF*) festgestellt werden. Eine Verschlechterung des Cashflows resultiert ceteris paribus andererseits in einer Reduktion des Unternehmenswertes.

Die Entity-Vorgehensweise verfolgt das Ziel, zunächst unter diversen Finanzierungsmodalitäten den Wert des *Gesamtkapitals* zu ermitteln und durch Subtraktion des *Marktwerts des Fremdkapitals* den *Marktwert des Eigenkapitals* zu berechnen.[18] Der *Marktwert des Eigenkapitals* stellt den sog. Netto-Unternehmenswert dar.[19] Die DCF-Vorgehensweisen führen zu denselben Ergebnissen, vorausgesetzt, dass identische Annahmen über das zukünftige Verhalten von Finanzierungen festgelegt werden.[20] Die nachfolgende Tab. 3.1 zeigt die schrittweise Berechnung des *Marktwerts des Eigenkapitals* auf:

Die Brutto-Vorgehensweise orientiert sich in praxi hauptsächlich an den *FCF*,[21] weshalb dieser *Cashflow*-Ausprägung in dieser Abhandlung eine besonders exponierte Stellung zugerechnet wird (siehe Abschn. 3.4). Der *CF*-Begriff beinhaltet sowohl die Berücksichtigung des Gewinns, der Abschreibungen und Rückstellungsveränderungen als auch die Investitionen in das Anlage- und Umlaufvermögen.[22]

---

[16] Vgl. Schacht und Fackler (2008, S. 207 f.).

[17] Vgl. Schacht und Fackler (2008, S. 208).

[18] Vgl. Kuhnert und Maltry (2017, S. 226 ff.); Prätsch et al. (2013, S. 271); Kaiser (2013, S. 381); Eayrs et al. (2011, S. 295).

[19] Vgl. Prätsch et al. (2013, S. 271); Kaiser (2013, S. 381); Eayrs et al. (2011, S. 295).

[20] Vgl. Eayrs et al. (2011, S. 295).

[21] Vgl. Kaiser (2013, S. 381).

[22] Vgl. Bieg und Kußmaul (2009, S. 274).

Tab. 3.1 Berechnung des Marktwerts des Eigenkapitals. (Quelle: Eigene Darstellung, in Anlehnung an Prätsch et al. 2013, S. 271; Schacht und Fackler 2009, S. 210; Heesen und Heesen 2021, S. 7)

+	*Barwert der Free Cashflows für den Planungszeitraum*
+	*Barwert des Restwerts nach Beendigung des Planungszeitraum*
=	*Barwert des nicht betriebsnotwendigen Vermögens*
−	*Marktwert des Gesamtkapitals*
=	*Marktwert des Fremdkapitals*
	Marktwert des Eigenkapitals

3.2.2 Ermittlung des Kalkulationszinses unter Berücksichtigung der Inflation

Die Inflationsraten ($g_{infl.}$) beeinflussen sowohl die *Cashflows* als auch die kalkulatorischen Zinsen. Dahingehend wird zwischen der Nominal- und Realrechnung unterscheiden. Bei der Nominalrechnung erfolgt die Diskontierung der *Cashflows* mittels des Nominalzinses (i_{nom}). Beide Größen berücksichtigen die Kaufkraftveränderungen, die bedingt durch die Inflation volatil sind. Die Realrechnung hat zum Ziel, die Kaufkraft zum Bewertungsstichtag abzubilden. Der Realzins (i_{real}) kann wie folgt ermittelt werden:[23]

$$i_{real} = \frac{1 + i_{nom}}{1 + g_{infl.}} - 1 = \frac{i_{nom} - g_{infl.}}{1 + g_{infl.}}$$

Auf Basis der Realzinsberechnung kann folglich der reale *Cashflow* (CF_{real}) ausgehend vom nominalen *Cashflow* (CF_{nom}) bestimmt werden:[24]

$$CF_{real} = \frac{CF_{nom}}{\left(1 + g_{infl.}\right)}$$

Zu beachten ist, dass bei der Anwendung der Planungskalküle keine Vermischung nominaler und realer Größen auftritt. Bei konsistenter Anwendung beider Planungskalküle führt die Zinsberechnung zu kohärenten Ergebnissen.[25] Insofern die erwarteten nominalen *FCF* in erwartete reale *FCF* umgerechnet werden sollen, ist es unabdinglich, die Kovarianz der realen *FCF* mit der Inflationsrate

---

[23] Vgl. Schacht und Fackler (2008, S. 218).

[24] Vgl. Schacht und Fackler (2008, S. 218).

[25] Vgl. Schacht und Fackler (2008, S. 218); Meitner und Streitferdt (2011, S. 240).

zu berücksichtigen.[26] Grundsätzlich ist der Einfluss der hohen Inflationsraten bereits durch die daraus resultierenden Steigerungen der Kapitalkosten sichtbar. *CF* sind bei der Aufnahme von Fremdkapital unmittelbar betroffen. Dementsprechend erhöht sich ceteris paribus das Refinanzierungsrisiko mit steigender Inflationsrate und den daraus resultierenden Zinssteigerungen am Kapitalmarkt.[27] Die Diskontierungsrate oder der kalkulatorische Zinssatz quantifizieren das Risiko eines Unternehmens.[28]

3.2.3 Entity-Vorgehensweise (WACC-Ansatz)

Die Grundkonzeption des *WACC*-Ansatzes verfolgt die Vorgehensweise, bei welcher zuerst der Marktwert des Gesamtkapitals beziffert wird (siehe Tab. 3.2). Dies erfolgt durch die Diskontierung der periodenspezifischen, zukünftigen Brutto-*Cashflows* (*BCF*) mit den gewichteten durchschnittlichen Kapitalkosten (*WACC*).[29] Dieser Ansatz stellt sowohl Eigen- als auch Fremdkapitalansprüche aller Kapitalgeber dar, die jenen zur Verfügung stehen.[30] Der *WACC* stellt demnach die Zusammenfassung der Eigen- und Fremdkapitalkosten dar. Die Fremdkapitalkosten setzen sich aus dem Basiszinssatz, dem *Credit Spread* sowie *Tax Shield* zusammen. Die Eigenkapitalkosten resultieren aus dem Basiszinssatz, dem Betafaktor und der Marktrisikoprämie[31] – letztere steigt in Zeiten hoher Inflationsraten signifikant an, da zukünftige Marktrisiken schwierig absehbar sind. Dieses Risiko führt zu einer rationalen Abwägung von möglichen Szenarien, weswegen eine ex ante Prüfung erfolgen sollte, um die Wahrscheinlichkeit für Planungsfehlschlüsse zu reduzieren.[32] Die folgende Tab. 3.2 zeigt das Schema zur Bestimmung des *BCF* auf, der für die darauffolgende mathematische Vorgehensweise essenziell ist:

---

[26] Vgl. Meitner und Streitferdt (2011, S. 240).

[27] Vgl. PricewaterhouseCoopers (2022a, S. 20 f.).

[28] Vgl. Schmidlin (2020, S. 181).

[29] Vgl. Schacht und Fackler (2008, S. 209); Eayrs et al. (2011, S. 296); Schmeisser (2010, S. 8); Seppelfricke (2012, S. 24).

[30] Vgl. Eayrs et al. (2011, S. 296).

[31] Vgl. PwC eValuation Data Deutschland (2022), o. S; Heesen und Heesen (2021, S. 7).

[32] Vgl. Kahnemann (2012, S. 312 f.); Schawel und Billing (2004, S. 11); Derr et al. (2021, S. 7 f.).

Tab. 3.2 Bestimmung des Brutto-Cashflows. (Quelle: Eigene Darstellung, in Anlehnung an Schacht und Fackler 2008, S. 210)

−	*Ergebnis vor Ertragssteuern*
=	*Ertragssteuer*
+/−	***Jahresüberschuss***
+/−	*Zinsaufwendungen/Zinserträge*
−	*Abschreibungen/Zuschreibungen*
−/+	*Investitionen in immaterielle Vermögensgegenstände*
−/+	*Zunahme/Abnahme Working Capital*
−/+	*Zunahme/Abnahme sonstiger operativer, aktivischer Bilanzpositionen*
−	*Zunahme/Abnahme sonstiger operativer, passivischer Bilanzpositionen*
=	*Unternehmenssteuerersparnis wegen Fremdfinanzierung (Tax-Shield)*
	Brutto-Cashflow (ohne Steuerersparnis aus Fremdfinanzierung)

Zur mathematischen Ermittlung des Marktwerts des Gesamtkapitals (GK_{MW})[33] des zu bewertenden Unternehmens dient die nachfolgende Formel:[34]

$$GK_{MW} = \sum_{t=1}^{n} \frac{BCF_t}{(1 + WACC)^t}$$

$$= \sum_{t=1}^{T} \frac{BCF_t}{(1 + WACC)^t} + \sum_{t=1}^{T} \frac{RW_{BCF,T}}{(1 + WACC)^T} \text{ mit } RW_{BCF,T}$$

$$= \frac{BCF_{T+1}}{WACC - g_{BCF}}$$

Nach der Bestimmung des Brutto-*Cashflows* (siehe Tab. 3.3) erfolgt die Berechnung der *WACC* durch die Addition der gewichteten Eigen- und Fremdkapitalkosten:[35]

$$WACC = r_{EK} \frac{EK_{MW}}{EK_{MW} + FK_{MW}} + r_{FK,n.St.} \frac{FK_{MW}}{EK_{MW} + FK_{MW}}$$

---

[33] *Der Marktwert des Gesamtkapitals stellt den Unternehmenswert dar.*

[34] Vgl. Schacht und Fackler (2008, S. 209).

[35] Vgl. Schacht und Fackler (2008, S. 211 f.); Heesen und Heesen (2021, S. 7).

Tab. 3.3 Bestimmung des Total-Cashflows. (Quelle: Eigene Darstellung, in Anlehnung an Schacht und Fackler 2008, S. 224)

=	*Brutto-Cashflow (ohne Steuerersparnis aus Fremdfinanzierung)*
+	*Unternehmenssteuerersparnis wegen Fremdfinanzierung (Tax-Shield)*
=	*Total-Cashflow/operativer EZÜ*

Dementsprechend stellen EK_{MW} den Marktwert des Eigenkapitals, FK_{MW} den Marktwert des Fremdkapitals, r_{EK} die Eigenkapitalkosten, $r_{FK,n.St.}$ die Fremdkapitalkosten nach Steuern dar.[36] Die mathematische Bestimmung der Eigenkapitalkosten ergibt sich aus der Summe des risikolosen Zinses (r_f) und der Multiplikation des Betafaktors (β_{EK}) mit der Marktrisikoprämie ($r_m - r_f$) wie folgt:[37]

$$r_{EK} = r_f + \beta_{EK} * \left(r_m - r_f \right)$$

Durch das Einsetzen der entsprechenden Werte kann folglich der Marktwert des Gesamtkapitals ermittelt werden. Aufgrund der hohen Inflationsraten steigen die gewichteten durchschnittlichen Kapitalkosten, weshalb die zukünftigen Brutto-*Cashflows* sinken. Ferner stützen sich die *WACC* auf die aktuelle Erwartung des Marktes hinsichtlich zukünftiger langfristiger Annahmen – bspw. der langfristigen Inflationsrate und risikofreien Zinsen. Diese langfristigen Annahmen werden von diversen wirtschaftlichen Faktoren beeinflusst, und sowohl die Auswirkungen als auch das Ausmaß unterscheiden sich zwischen Ländern und Branchen.[38] Schlussendlich macht die Entwicklung der *WACC* der Medienindustrie deutlich, dass die Anhebung des Zinsniveaus direkte Auswirkungen auf die *WACC* besitzen. De facto stieg der *WACC* von *6,5 %* p. a. im *Dezember 2021* auf *8,9 %* p. a. im *November 2022*.[39]

---

[36] Vgl. Schacht und Fackler (2008, S. 211 f.).

[37] Vgl. Schacht und Fackler (2008, S. 213); PwC eValuation Data Deutschland (2022, o. S.); Heesen und Heesen (2021, S. 7); Schmeisser (2020, S. 20).

[38] Vgl. PricewaterhouseCoopers LLP (2022b, o. S.); Seppelfricke (2012, S. 24 f.).

[39] Vgl. PwC eValuation Data Deutschland (2022, o. S.).

3.2.4   Entity-Vorgehensweise (TCF-Ansatz)

Der *TCF*-Ansatz steht in Kohärenz zum *WACC*-Ansatz, und die Abgrenzung erfolgt lediglich durch die Berücksichtigung des *Tax-Shields*. Demzufolge wird die Abzugsfähigkeit der Fremdkapitalkosten bei der Ertragsteuer-
Bemessungsgrundlage bei der *CF*-Ermittlung berücksichtigt.[40] Die nachfolgende
Tab. 3.3 zeigt den Unterschied zwischen dem *TCF* und *BCF* auf. Die Bestimmung des *TCF* verläuft analog und ergänzend zur Bestimmung des *BCF* (siehe
Tab. 3.2):

Zur mathematischen Ermittlung des Marktwerts des Gesamtkapitals (GK_{MW})
des zu bewertenden Unternehmens dient die nachfolgende Formel:[41]

$$GK_{MW} = \sum_{t=1}^{n} \frac{TCF}{(1 + WACC)^t}$$

$$= \sum_{t=1}^{T} \frac{TCF}{(1 + WACC)^t} + \sum_{t=1}^{T} \frac{RW_{TCF,T}}{(1 + WACC)^T} \text{ mit } RW_{TCF,T}$$

$$= \frac{TCF_{T+1}}{WACC - g_{TCF}}$$

Beim *TCF*-Ansatz resultiert das *Tax-Shield* in einer Erhöhung des *TCF* im Ver-
gleich zum *BCF*.[42] Demgemäß ermittelt sich der *WACC_{TCF}* beim *TCF*-Ansatz
wie folgt:[43]

$$WACC_{TCF} = r_{EK} \frac{EK_{MW}}{EK_{MW} + FK_{MW}} + r_{FK} \frac{FK_{MW}}{EK_{MW} + FK_{MW}}$$

Der *TCF*-Ansatz stellt eine geeignete Vorgehensweise dar, um den Unternehmenswert zu bestimmen. Insb. die Besonderheiten des deutschen Steuersystems
können in dieser Vorgehensweise leichter berücksichtigt werden. Demzufolge
können diverse Hinzurechnungen respektive Kürzungen des Gewerbesteuergeset-
zes *(§§ 8, 9 GewStG)* berücksichtigt und erfasst werden.[44] Die inflationsbedingten

[40] Vgl. Bieg und Kußmaul (2009, S. 277); Schacht und Fackler (2008, S. 223); Kuhner und
Maltry (2017, S. 230); Seppelfricke (2012, S. 26).
[41] Vgl. Schacht und Fackler (2008, S. 224).
[42] Vgl. Bieg und Kußmaul (2009, S. 279); Schacht und Fackler (2008, S. 224).
[43] Vgl. Schacht und Fackler (2008, S. 224).
[44] Vgl. Schacht und Fackler (2008, S. 224).

Einflüsse auf die Unternehmensbewertung besitzen für den *TCF*-Ansatz sowie *WACC*-Ansatz identische Aspekte. Summa Summarum ist festzuhalten, dass der *TCF*-Ansatz in praxi jedoch selten angewendet wird, da die Zählergröße nicht durch eine Finanzierungsneutralität ausgezeichnet ist. Dies resultiert daraus, dass die *CF*, die an die Kapitalgeber ausgeschüttet werden, auch die Ertragsteuern berücksichtigen. Je größer der *EK*-Anteil, desto geringer ist ceteris paribus der Zinsaufwand und desto größer ist der Gewinn und somit auch die Steuerlast, et vice versa.[45]

3.2.5 Entity-Vorgehensweise (FCF-Ansatz)

Als finanzierungsneutrale Planungsgröße wird der *FCF* verwendet, um den Unternehmenswert bei fiktiver Eigenfinanzierung zu bemessen.[46] Der *FCF* stellt den Finanzmittelzufluss einer Periode, der den Eigen- und Fremdkapitalgebern zufließt, dar – und dies bei fiktiver Steuerlast.[47] Der *FCF* ist eine relevante Größe, denn je höher dieser ist, desto flexibler ist die finanzielle Kraft des Unternehmens.[48] Demgemäß dient der *FCF* auch zur Kredittilgung und zum Aktienrückkauf.[49] Das Gesamtvermögen *(Summe der Aktiva)* stellt die Ausgangsposition der *FCF*-Vorgehensweise dar. Demgemäß gilt:

1. Das Gesamtvermögen stellt den Erzeuger der zukünftigen *CF* dar, dessen Gegenwartswert durch Diskontierung bestimmt wird.
2. Mittels der Korrektur der *EBIT* wird der *CF* ermittelt.
3. Um die Kapitalstruktur des zu bewertenden Unternehmens zu berücksichtigen, wird der *FCF* mit den *WACC* abgezinst.
4. Daraufhin erfolgt eine Überprüfung des Fremdkapitals auf Marktüblichkeit, um eine etwaige Neubewertung durchzuführen.
5. Summa Summarum ergibt sich der Unternehmenswert als Differenz aus den Werten des Gesamtvermögens und des Fremdkapitals.[50]

---

[45] Vgl. Kuhner und Maltry (2017, S. 230); Matschke und Brösel (2013, S. 720); Seppelfricke (2012, S. 26).

[46] Vgl. Kuhner und Maltry (2017, S. 231); Kaiser (2013, S. 381); Eayrs et al. (2011, S. 296); Wöltje (2016, S. 406).

[47] Vgl. Matschke und Brösel (2013, S. 708).

[48] Vgl. Wöltje (2016, S. 405).

[49] Vgl. Schmidlin (2020, S. 29).

[50] Vgl. Kaiser (2013, S. 381); Eayrs et al. (2011, S. 296); Kuhner und Maltry (2017, S. 231).

Tab. 3.4 Bestimmung des Free-Cashflows. (Quelle: Eigene Darstellung, in Anlehnung an Eayrs et al. 2011, S. 297; Bieg und Kußmaul 2009, S. 276; Heesen und Heesen 2021, S. 8; Schmidlin 2020, S. 186)

=	*Brutto-Cashflow (ohne Steuerersparnis aus Fremdfinanzierung)*
−	*Investitionen in das Anlagevermögen*
−/+	*Erhöhung/Verringerung des Working Capital*
=	*Free-Cashflow*

Tab. 3.5 Weiterführende Bestimmung des Free-Cashflows. (Quelle: Eigene Darstellung, in Anlehnung an Wöltje 2016, S. 405; Schmidlin 2020, S. 29: Geschäftsbericht 2022 Volkswagen Group, S. 108)

−	*Ermittlung des FCF*
=	*Cashflow aus operativer/laufender Geschäftstätigkeit*
	Cashflow aus Investitionstätigkeit
	Free-Cashflow

Darüber hinaus kann ausgehend vom *BCF* der *FCF* wie folgt bestimmt werden (Tab. 3.4):

Weiterführend kann der *FCF* aus der Summe der *CF* aus der operativen Geschäftstätigkeit und Investitionstätigkeit ermittelt werden (Tab. 3.5):[51]

Um den Marktwert des Eigenkapitals mathematisch zu bestimmen, wird der *WACC* verwendet. Der Unternehmenswert ist äquivalent zum Marktwert des Eigenkapitals. Für einen detaillierten Planungszeitraum ergibt sich:[52]

$$
\begin{aligned}
EK_{MW} &= \sum_{t=1}^{n} \frac{FCF}{(1 + WACC)^t} \\
&= \sum_{t=1}^{T} \frac{FCF}{(1 + WACC)^t} + \sum_{t=1}^{T} \frac{RW_{FCF,T}}{(1 + WACC)^T} \quad \text{mit } RW_{FCF,T} \\
&= \frac{FCF_{T+1}}{WACC - g_{FCF}}
\end{aligned}
$$

Der *FCF*-Ansatz ist in praxi das präferierte Verfahren der Unternehmensbewertung. Ein signifikanter Vorteil des Ansatzes ist, dass die Zählergröße von

---

[51] Vgl. Seppelfricke (2019, S. 44).
[52] Vgl. Kuhner und Maltry (2017, S. 231).

Veränderungen durch die Kapitalstruktur freigehalten wird. Veränderungen der Kapitalstruktur quantifizieren sich im Kalkulationszinssatz und Marktwert des Fremdkapitals.[53]

3.2.6 Entity-Vorgehensweise (APV-Ansatz)

Der *APV*-Ansatz basiert auf einer mehrstufigen Bewertungsvorgehensweise, die den Marktwert des Gesamtkapitals nach additiven Komponenten berechnet.[54] Dementsprechend ermittelt sich der hypothetische Marktwert des Unternehmens durch Diskontierung mit dem risikoäquivalenten Eigenkapitalkostensatz bei einer vollständigen Eigenfinanzierung ($r_{EK,uv}$). In der Praxis nimmt der *APV*-Ansatz eine zu vernachlässigende Rolle ein, da wertbeeinflussende Faktoren des Unternehmens separat betrachtet werden. Die separate Betrachtung einzelner Faktoren kann zur Absicht haben, ob die Finanzierungsstruktur oder operative Tätigkeiten den Unternehmenswert definieren. Die mathematische Bestimmung des Unternehmenswertes erfolgt durch die Berechnung der *BCF* – ohne die Betrachtung der steuerlichen Absetzung der Fremdkapitalzinsen. Der Basiswert ist demgemäß sowohl unabhängig von der Kapitalstruktur als auch von den Finanzierungen, weshalb das Unternehmen als unverschuldet betrachtet wird. Die nachfolgende Vorgehensweise zeigt die formale Berechnung des Marktwerts des *EK* auf:[55]

$$
\begin{aligned}
EK_{MW} &= \sum_{t=1}^{n} \frac{BCF_t}{\left(1 + r_{EK,UV}\right)^t} \\
&= \sum_{t=1}^{n} \frac{BCF_t}{\left(1 + r_{EK,UV}\right)^t} + \sum_{t=1}^{T} \frac{RW_{BCF,T}}{\left(1 + r_{EK,UV}\right)^T} \text{ mit } RW_{BCF,T} \\
&= \frac{BCF_{T+1}}{WACC - g_{BCF}}
\end{aligned}
$$

---

[53] Vgl. Kuhner und Maltry (2017, S. 231); Schmidlin (2020, S. 186 f.).

[54] Vgl. Kuhner und Maltry (2017, S. 231); Schacht und Fackler (2008, S. 225).

[55] Vgl. Schacht und Fackler (2008, S. 225); Kuhner und Maltry (2017, S. 232 f.); Matschke und Brösel (2013, S. 721); Bieg und Kußmaul (2009, S. 276); Schmeisser (2010, S. 9); Schmidlin (2020, S. 190 f.); Seppelfricke (2012, S. 27).

Die Berücksichtigung der Ertragsteuerminderung erfolgt durch die isolierte Betrachtung des *Tax-Shields*. Für die formale Berechnung werden risikolose Steuervorteile angenommen, die mit dem risikolosen Zinssatz (r_f) abgezinst werden.[56] Ein risikoloser Zinssatz kann unter Einfluss der Inflation jedoch nicht angenommen werden, insofern realistische Werte erwartet werden. Der *Tax-Shield* (*TS*) wird wie folgt ermittelt:[57]

$$TS = \sum_{t=1}^{n} \frac{r_{EK} * r * FK_{MW,t-1}}{\left(1 + r_f\right)^t}$$

Der Unternehmenswert (GK_{MW}) des verschuldeten Unternehmens wird durch Addition des Marktwerts des Eigenkapitals ($EK_{MW,UV}$) mit dem *Tax-Shield* ermittelt:[58]

$$GK_{MW} = EK_{MW,UV} + TS$$

3.2.7 Equity-Vorgehensweise (Nettoverfahren)

Die Nettomethode *(in Eng.: Flow-to-Equity-Verfahren)* oder das sog. Ertragswertverfahren ermittelt den nominalen Wert des Unternehmens als Barwert der erwarteten Erträge, die für die Zukunft prognostiziert sind. Hierbei wird der Unternehmenswert direkt ermittelt, weswegen diese Vorgehensweise als Nettomethode bezeichnet wird. Der Ertragswert stellt demgemäß die Summe der mit dem Kalkulationszinssatz diskontierten, zukünftigen Netto-*Cashflow* (*NCF*) dar.[59] Der für die Unternehmensbewertung zu betrachtende *NCF* ermittelt sich durch die Veränderungen der Fremdkapitalzinsen und im Fremdkapitalbestand wie folgt (Tab. 3.6):[60]

---

[56] Vgl. Schacht und Fackler (2008, S. 225); Kuhner und Maltry (2017, S. 232 f.); Schmidlin (2020, S. 190 f.).

[57] Vgl. Schacht und Fackler (2008, S. 225).

[58] Vgl. Schacht und Fackler (2008, S. 226).

[59] Vgl. Schmeisser (2010, S. 10); Matschke und Brösel (2013, S. 725); Schacht und Fackler (2008, S. 226); Prätsch et al. (2007, S. 271); Bieg und Kußmaul (2009, S. 284 f.); Kuhner und Maltry (2017, S. 228); Seppelfricke (2012, S. 28 f.).

[60] Vgl. Schacht und Fackler (2008, S. 227); Bieg und Kußmaul (2009, S. 285).

Tab. 3.6 Bestimmung des Netto-Cashflows. (Quelle: Eigene Darstellung, in Anlehnung an Schacht und Fackler 2008, S. 226)	=	*Total Cashflow/operativer EZÜ*
	−/+	*Zinsaufwand/Zinsertrag*
	−/+	*Aufnahme/Tilgung FK*
	=	*Netto-Cashflow*

Zur formalen Bestimmung stellt der *NCF* die Zählergröße dar. Ergo wird der Marktwert des Eigenkapitals und somit der Unternehmenswert wie folgt berechnet:[61]

$$
EK_{MW} = \sum_{t=1}^{T} \frac{NCF_t}{(1 + r_{EK})^t}
$$

$$
= \sum_{t=1}^{T} \frac{NCF_t}{(1 + r_{EK})^t} + \sum_{t=1}^{T} \frac{RW_{NCF,T}}{(1 + r_{EK})^T} \text{ mit } RW_{NCF,T}
$$

$$
= \frac{NCF_{T+1}}{r_{EK} - g_{NCF}}
$$

Der Diskontierungszinssatz entspricht den Eigenkapitalkosten des *WACC*-Ansatzes (siehe Abschn. 3.2.3).[62] Ferner ist festzuhalten, dass die *NCF$_t$* durch die hohen Inflationsraten negativ beeinflusst werden, da der Zinsaufwand steigt. Insofern die Aufnahme von Fremdkapital vorgesehen ist, sinkt ceteris paribus der *NCF* zusätzlich. Die Diskussionen im Schrifttum sind sich zudem einig, dass es der Nettomethode an Praktikabilität mangelt, da bestimmte Finanzierungs-strategien ex ante festgelegt sind, die in Inkohärenz zur Realität stehen.[63] In Deutschland ist gem. des *IDW* die Unternehmenswertermittlung mittels der Net-tomethode durchaus eine geeignete Option, da eine Bewertung nach persönlichen Steuern erfolgt.[64]

---

[61] Vgl. Schacht und Fackler (2008, S. 226).
[62] Vgl. hierzu weiterführend Schmeisser (2010, S. 20 ff.).
[63] Vgl. Matschke und Brösel (2013, S. 726); Kuhner und Maltry (2017, S. 229).
[64] Vgl. Kuhner und Maltry (2017, S. 229).

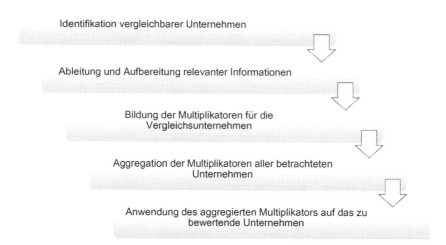

Identifikation vergleichbarer Unternehmen

Ableitung und Aufbereitung relevanter Informationen

Bildung der Multiplikatoren für die
Vergleichsunternehmen

Aggregation der Multiplikatoren aller betrachteten
Unternehmen

Anwendung des aggregierten Multiplikators auf das zu
bewertende Unternehmen

Abb. 3.3 Vorgehensweise zur Multiplikatoren-Bewertung. (Quelle: Eigene Darstellung, in Anlehnung an Ernst et al. 2017, S. 224)

3.3   Multiplikatoren-Verfahren

An dieser Stelle wird ergänzend die grundsätzliche Vorgehensweise der Multiplikatoren-Verfahren aufgezeigt, die in dieser Abhandlung jedoch nicht den Fokus darstellen. Die Vorgehensweise zur Unternehmensbewertung mittels Multiplikatoren erfolgt bspw. über die *Peer-Group-Analyse,* bei welcher ähnliche Unternehmen identifiziert werden, um anhand dieser Informationen für die Multiplikatoren-Bewertung abzuleiten. Daraufhin erfolgt eine kohärente Bildung von Multiplikatoren, die ex post zur Unternehmensbewertung herangezogen werden können.[65] Abb. 3.3 stellt die mögliche Vorgehensweise dar:

Die Bildung von Multiplikatoren erfolgt, indem der Unternehmenswert zu einem festgelegten Betrachtungszeitpunkt ins Verhältnis zu einer definierten Bezugsgröße gesetzt wird. Bezugsgrößen können Größen aus der Bilanz, der *GuV,* der *CF*-Rechnung oder weitere Kennzahlen des Unternehmens sein. Zu beachten ist, dass die Bezugsgrößen und der Unternehmenswert kohärent sind. Ferner ist die Multiplikatoren-Vorgehensweise eine statische Betrachtung, weshalb in praxi *DCF*-Verfahren präferiert werden. Durch *ceteris-paribus-Annahmen* wird

---

[65] Vgl. Ernst et al. (2017, S. 224); Hasler (2013, S. 77 ff.).

der Wahl der Bezugsgröße implizit unterstellt, dass hinsichtlich aller Faktoren, die
für die Bewertung relevant sind, ähnliche Verhältnisse zwischen den Unternehmen
vorliegen.[66] Die nachfolgende Vorgehensweise zeigt eine vereinfachte Vorgehensweise auf, um mittels Multiplikatoren eine Bewertung des Unternehmens (U)
durchzuführen:[67]

$$\text{Multiplikator} = \frac{\text{Unternehmenswert}}{\text{Bezugsgröße}}$$

$$\text{Wert}(U) = \text{aggregierter Multiplikator} * \text{Bezugsgröße}(U)$$

De facto können jedoch im Zuge des Jahresabschlusses einzelne Größen der
Bilanz durch bilanzpolitische Maßnahmen beeinflusst werden, sodass nicht
immer ein repräsentativer Unternehmenswert auf Basis der Multiplikatoren-
Vorgehensweise ermittelt werden kann. Die CF-Rechnung kann nicht in einem
solchen Umfang beeinflusst werden, wodurch realistische Unternehmenswerte
ermittelt werden können.[68] Dies resultiert daraus, dass Aufwendungen und
Erträge, die nicht zahlungswirksam sind, nicht betrachtet werden.[69] Demgemäß
kann hinsichtlich der derzeitigen Inflation die Annahme unterstellt werden, dass
durch die Wahl bestimmter Multiplikatoren die Auswirkungen der hohen Inflationsraten verschleiert werden. Sind jedoch zusätzlich zu den DCF-Verfahren
Bewertungsmultiplikatoren gebildet, kann eine umfassende Kenntnis über das zu
bewertende Unternehmen generiert werden.[70]

3.4 Theoretischer Anwendungsfall A

Auf Basis des FCF-Ansatzes hat folgender Anwendungsfall zum Ziel, die konkreten Auswirkungen der hohen Inflationsraten mit beispielhaften Annahmen
darzustellen. Wird im mathematischen Modell von der ewigen Rente ausgegan-
gen, dann kommt der Inflationsrate eine zu vernachlässigende Rolle zu, da die
Inflationsrate durch Kürzung eliminiert wird. Ferner führt sowohl das nominale
als auch das reale Modell zu identischen Ergebnissen. Bei einem mehrperiodigen

---

[66] Vgl. Ernst et al. (2017, S. 224 f.); Schmidlin (2020, S. 201); Hasler (2013, S. 77).
[67] Vgl. Ernst et al. (2017, S. 224 f.); Hasler (2013, S. 77).
[68] Vgl. Rinker (2022, S. 11); Schmidlin (2020, S. 201).
[69] Vgl. Heesen (2020, S. 182).
[70] Vgl. Schmidlin (2020, S. 201).

Modell werden hingegen das reale Wachstum und somit auch die Inflationsrate in der Detailplanungsphase berücksichtigt. Demgemäß sind die *CF* betroffen; insb. sind die inflationsbedingten Kapitalkostenänderungen zu betrachten. Weiterhin erfolgt für den Restwert eine Festlegung der Inflationsrate.[71] Das nachfolgende mathematische Modell stellt den Brutto-Unternehmenswert (*BUW*) als Analyseerkenntnisse der Vergangenheit, die Detailplanungsphase sowie den Restwertzeitraum dar – mit *FCF$_T$* als die erwarteten *FCF* und *g* als die langfristige Wachstumsrate der *FCF:*[72]

$$
\begin{aligned}
BUW = {} & \frac{FCF_1}{(1+WACC)^1} + \frac{FCF_2}{(1+WACC)^2} \\
& + \frac{FCF_3}{(1+WACC)^3} + \ldots + \frac{FCF_T}{(1+WACC)^T} \\
& + \frac{FCF_{T+1}}{(WACC-g)^T} * \frac{1}{(1+WACC)^T}
\end{aligned}
$$

Die Inflation hat einen negativen Einfluss auf die Erlösseite eines Unternehmens. Daher besitzen manche Unternehmen die Wahl, die Preissteigerungen auf die Kunden zu übertragen, wodurch die *FCF* größer ausfallen.[73] Der praktische Anwendungsfall gliedert sich in drei kohärente Fälle:

1. *Detailplanungsrechnung ohne Inflation und Wachstum*
2. *Detailplanungsrechnung mit einer Inflationsrate von 2 %, deren Kosten vollumfänglich auf die Kunden übertragen werden*
3. *Detailplanungsrechnung mit einer Inflationsrate von 2 %, die lediglich zu 50 % auf die Kundschaft übertragen werden kann, wodurch eine reale Preissteigerungsrate von 1 % resultiert*

Gem. des ersten Falls ist der *FCF* identisch zum *Net Operating Profit After Taxes* (*NOPAT*), da kein Wachstum und keine Inflation angenommen werden. Dieser Sachverhalt lässt sich dadurch erklären, dass das Anlagevermögen beständig bleibt und keine weitere Kapitalbindung im Nettoumlaufvermögen vorliegt.[74] Da kein Wachstum und keine Inflation angenommen werden, bleibt der *FCF* über den Detailplanungszeitraum identisch. Der zweite Fall verdeutlicht, dass der

---

[71] Vgl. Hüttche und Schmid (2022, S. 496).
[72] Vgl. Hüttche und Schmid (2022, S. 496).
[73] Vgl. Hüttche und Schmid (2022, S. 497); Gerbes (2022, S. 36).
[74] Vgl. Hüttche und Schmid (2022, S. 497).

FCF durch die Weitergabe der Preissteigerung beeinflusst wird. Der potenzielle Umsatz und Aufwand wächst mit einer identischen Rate, wohingegen die Kapitalbindung im Anlage- und Umlaufvermögen durch die Inflation steigt. Demgemäß sinkt der *FCF* im Betrachtungszeitraum in signifikanter Weise. Anzumerken ist, dass dieser Sachverhalt ein Einmaleffekt darstellt, der dennoch einen Einfluss auf den Wertbeitrag des Detailplanungszeitraums aufweist.[75] Die theoretische Heuristik der vollumfänglichen Kostenübertragung auf die Kundschaft ist in praxi jedoch nicht in jedem Fall anwendbar.

Nachdem der *FCF* zuerst sinkt, kann grundsätzlich angenommen werden, dass in den Folgejahren eine Steigerung der *FCF* anzunehmen ist. Eine inflationsbegründete Aufwandserhöhung von *2 %* sowie eine mögliche Preiserhöhung[76] von *1 %* stellen eine in praxi realistische Annahme dar. In diesem Fall sinken annual sowohl die Gewinngrößen *(EBITDA; EBIT; NOPAT)* und Margen als auch die *FCF*. Insb. die *FCF* reduzieren sich durch die inflationsbedingte zusätzliche Kapitalbindung im Anlage- und Nettoumlaufvermögen.[77] Summa Summarum ist anzunehmen, dass bei einer steigenden Inflationsrate und einer Kostenübertragung von lediglich *50 %* sowohl die *FCF* als auch die Gewinngrößen abnehmen – insofern keine Absicherungsmaßnahmen getroffen werden. Dementsprechend sinkt der Unternehmenswert – vorausgesetzt der Restwert sowie die Kapitalkosten bleiben unverändert. Während Energiekonzerne die Kosten aufgrund der Knappheit einfacher auf die Kundschaft übertragen können, sind bspw. Unternehmen der Bauindustrie von der Inflation stärker betroffen, da die gestiegenen Rohstoffpreise in sinkenden Gewinnmargen resultieren.[78] Ferner belastet das generell höhere Zinsniveau die Unternehmen zusätzlich. Es bleibt daher abzuwarten, wie sich die Inflationsraten sowie die Leitzinsen entwickeln werden.

3.5 Praktischer Anwendungsfall B

Auf Basis des in praxi präferierten *FCF*-Ansatzes[79] hat dieser Anwendungsfall das Ziel, die konkreten Auswirkungen der hohen Inflationsraten mit beispielhaften Werten darzustellen. Das beispielhafte Unternehmen, dessen *FCF* betrachtet werden, hat zum Ziel, eine neue technische Anlage über einen Zeitraum von *fünf*

---

[75] Vgl. Hüttche und Schmid (2022, S. 497).

[76] *Kostenübertragung: Bezeichnet die Preise, die von der Kundschaft gefordert werden.*

[77] Vgl. Hüttche und Schmid (2022, S. 497).

[78] Vgl. Hüttche und Schmid (2022, S. 499); Gerbes (2022, S. 36); Rinker (2023, o. S.).

[79] Vgl. Kuhner und Maltry (2017, S. 231); Schmidlin (2020, S. 186 f.).

Jahren zu entwickeln und zu produzieren. Das erste Jahr dient lediglich der Entwicklung und die Folgejahre der Produktion. Da die Auswirkungen der Inflation in hohen Risikozuschlägen resultieren, wird für den Anwendungsfall folgendes angenommen:

- *Entwicklungskosten p. a.: 1000 GE*
- *Produktionskosten p. technische Anlage: 50 GE*
- *Preis p. technische Anlage: 80 GE*
- *Stückzahl p. a.: 60 Anlagen*
- *Basiszinssatz: 2 % p. a.*
- *Risikozuschlag 5 % p. a.*
- *Bewertungsstichtag: 01.01.2022*

Es ist zu beachten, dass dem Anwendungsfall Vereinfachungen inhärent sind, wie bspw. die lineare Verteilung der Umsätze und Kosten und die Annahme, dass sowohl die Umsätze als auch die Kosten erst ab dem *zweiten* Betrachtungsjahr anfallen. Die Kosten sind zunächst mit dem Diskontierungszinssatz (*DZ*) von *7 %* p. a. abzuzinsen (siehe Zeile 7, Tab. 3.7). Dieser ermittelt sich demgemäß:[80]

$$DZ = \frac{1}{(1+i)^t}$$

Die *FCF* der einzelnen Jahre (siehe Zeile 5, Tab. 3.7) sind mit dem *DZ* zu multiplizieren, sodass die diskontierten *FCF* (siehe Zeile 8, Tab. 3.7) bestimmt werden. Durch die Summe aller diskontierten *FCF* resultiert der Unternehmenswert (siehe Zeile 10, Tab. 3.7). Zunächst erfolgt die mathematische Bestimmung des Unternehmenswertes mittels des *FCF*-Ansatzes ohne Inflationsberücksichtigung. Es gilt:[81]

Der Unternehmenswert beträgt bei einem Diskontierungszinssatz von *7 % p. a.* *4762 GE*. Das nachfolgende Beispiel wird die durch die hohen Inflationsraten bedingten Unsicherheiten auf dem Kapitalmarkt berücksichtigen, indem der Risikozuschlag von *7 %* p. a. auf *13 %* p. a. steigt. Ferner steigt der Basiszinssatz von *2 %* p. a. auf *2,5 % p. a.*[82] Demgemäß ist ein Diskontierungszinssatz von *15,5 %* p. a. (siehe Zeile 7, Tab. 3.8) die Folge. Die nachfolgende Tab. 3.8 zeigt die Veränderungen der *FCF* auf. Es gilt:

---

[80] Vgl. Mäder (2018, S. 59).

[81] Vgl. Mäder (2018, S. 59).

[82] *Entspricht dem EZB-Leitzins vom 15.12.2022.*

Tab. 3.7 Bestimmung des Unternehmenswertes ohne Inflation. (Quelle: Eigene Darstellung, in Anlehnung an Mäder 2018, S. 60)

Z	in GE	Jahr	2022	2023	2024	2025	2026
1	**Projektdauer in Jahren**		**1**	**2**	**3**	**4**	**5**
2	Entwicklungskosten		1000				
3	Produktionskosten			3000	3000	3000	3000
4	Umsatz			4800	4800	4800	4800
5	**FCF**		**−1000**	**1800**	**1800**	**1800**	**1800**
6	Akkumulation FCF		−1000	800	2600	4400	6200
7	DZ		0,935	0,873	0,816	0,763	0,713
8	**Diskontierte FCF**		**−935**	**1571,4**	**1468,8**	**1373,4**	**1283,4**
9	Akkumulation diskontierte FCF		−935	636,4	2105,2	3478,6	4762
10	**Unternehmenswert t = 5**		**4762**				

Tab. 3.8 Bestimmung des Unternehmenswertes bei Inflation. (Quelle: Eigene Darstellung, in Anlehnung an Mäder 2018, S. 60)

Z	in GE	Jahr	2022	2023	2024	2025	2026
1	**Projektdauer in Jahren**		**1**	**2**	**3**	**4**	**5**
2	Entwicklungskosten		1000				
3	Produktionskosten			3000	3000	3000	3000
4	Umsatz			4800	4800	4800	4800
5	**FCF**		**−1000**	**1800**	**1800**	**1800**	**1800**
6	Akkumulation FCF		−1000	800	2600	4400	6200
7	DZ		0,865	0,749	0,649	0,562	0,486
8	**Diskontierte FCF**		**−865**	**1348,2**	**1168,2**	**1011,6**	**874,8**
9	Akkumulation diskontierte FCF		−865	483,2	1651,4	2663	3537,8
10	**Unternehmenswert t = 5**		**3537,8**				

Es zeigt sich, dass der Unternehmenswert bei einem hypothetischen Diskontierungszinssatz von *15,5 %* p. a. von *4762 GE,* bei einem Zinssatz von *7 %* p. a. auf *3537,8 GE* sinkt. Summa Summarum verdeutlicht der Anwendungsfall, dass steigende Inflationsraten zu sinkenden *FCF* führen, die wiederum in einem geringeren Unternehmenswert resultieren.

Empirische Analyse ausgewählter DAX-40-Unternehmen

4

4.1 Methodisches Vorgehen

Die Cashflow-Rechnung ist ein bedeutendes Element der Abschlussanalyse, da ein Aufschluss über die zufließenden und abgehenden Mittel einer Periode erfolgt.[1] Gem. § 297 HGB sind börsennotierte Unternehmen dazu verpflichtet, eine Kapitalflussrechnung[2] in den Konzernabschluss zu integrieren.[3] Insb. CF sind für eine empirische Analyse interessant, da bilanzpolitische Maßnahmen keinen Einfluss auf die Werte besitzen.[4] Dementsprechend werden in dieser empirischen Analyse der CF aus operativer bzw. laufender Geschäftstätigkeit, der CF aus Investitionstätigkeit, der CF aus Finanzierungstätigkeit sowie der relevante FCF aufbereitet und analysiert. Die diversen *CF*-Ausprägungen stellen den gesamten *CF* einer Periode der zu betrachtenden Unternehmen dar.[5] Darüber hinaus werden Angaben im Anhang, Lagebericht und Prognosebericht zur Thematik untersucht. Zuletzt werden die relevanten Gewinngrößen betrachtet, um die Auswirkungen der Inflation empirisch zu untersuchen. Vor diesem

---

[1] Vgl. Schmidlin (2020, S. 23).

[2] *Kapitalflussrechnung gem. Deutschem Rechnungslegungsstandard Nr. 2 (2014), siehe weiterführend App. B.*

[3] Vgl. Prümer (2005, S. 145); sowie *§ 297 HGB*.

[4] Vgl. Rinker (2022, S. 11); Gasch (2022, S. 45). Pellens et al. (2017, S. 197).

[5] Vgl. Prätsch et al. (2007, S. 267 f.); Schmidlin (2020, S. 23 ff.); Seppelfricke (2012, S. 51).

© Der/die Autor(en), exklusiv lizenziert an Springer Fachmedien Wiesbaden GmbH, ein Teil von Springer Nature 2024
S. Georg et al., *Die Auswirkungen der hohen Inflationsraten auf die Unternehmensbewertungen*, essentials,
https://doi.org/10.1007/978-3-658-44529-4_4

Hintergrund analysiert die vorliegende Abhandlung die Konzernabschlüsse[6] ausgewählter *DAX-40*-Unternehmen der Automobilbranche für die Geschäftsjahre
2020 bis *2022*. Als Grundlage für die Datengewinnung wurden die entsprechenden Konzernabschlüsse der Automobilkonzerne herangezogen. Die Untersuchung
hat zum Ziel, die Ausprägungen der Preissteigerungsauswirkungen zu beurteilen
und festzustellen, ob die Preiserhöhungen auf die Kunden übertragen werden. Der
Energie- und Konsumgütersektor wurde bei dieser empirischen Analyse vernachlässigt, da die Preise weitestgehend auf die Kunden übertragen werden, und somit
sind die *CF*-Ausprägungen hinsichtlich der Inflationsauswirkungen zu vernach-
lässigen.[7] Die Automobilbranche eignet sich daher, da sowohl erhöhte Preise auf
dem Beschaffungsmarkt als auch erhöhte Kapitalkosten einen Einfluss auf die
Unternehmen besitzen. De facto korreliert die Automobilbranche eng mit der
Weltwirtschaft.[8]

4.2   Die DAX-40-Unternehmen des Automobilsektors

Aufgrund der *Vorbildfunktion* der *DAX-40*-Unternehmen wird der Untersuchungs-
gegenstand dieser empirischen Analyse auf die dort gelisteten Unternehmen
ausgerichtet.[9] Gegenstand der Untersuchung sind demgemäß die größten Automobilkonzerne *BMW Group*, *Volkswagen Group* und *Mercedes-Benz Group*. Das
Hauptgeschäft der Konzerne stellt die Herstellung und der Verkauf von Automobilen dar.[10] Einzelne Geschäftsfelder werden bei dieser empirischen Analyse
nicht betrachtet. Gemessen an der Bilanzsumme für das Geschäftsjahr *2022* stellt
Volkswagen mit *564,8 Mrd. €* den größten Konzern dar. *Volkswagen* konnte die

---

[6] *Dadurch, dass alle kapitalmarktorientierten Unternehmen innerhalb der EU (siehe EU-
Verordnung Nr. 1606/2002), zu denen die Unternehmen des deutschen Aktienindexes (DAX-40)
gehören, dazu verpflichtet sind den Konzernabschluss nach den IFRS und den dazugehörenden
IAS zu erstellen, wird die Relevanz der einschlägigen, internationalen Rechtsnormen deutlich.
Verpflichtet sind solche Unternehmen, die zum Handel an einem organisierten Kapitalmarkt
zugelassen sind (vgl. hierzu Reinke (2009, S. 1); Godek (2018, o. S.); sowie PricewaterhouseCoopers Deutsche Revision (2004, S. 10.). Weiterführend ist ein Unternehmen dessen
Wertpapierhandel im Zulassungsprozess ist, ebenfalls IFRS-anwendungspflichtig (vgl. § 264
d HGB i. V. m. § 2 Abs. 11 WpHG).*

[7] *Ferner konnten die Energiekonzerne aufgrund der Energiekrise Rekordumsätze verzeichnen.
Vgl. hierzu Breulmann (2022, o. S.) sowie Schwarz (2022, S. 2).*

[8] Vgl. Geschäftsbericht Volkswagen-Group 2022, S. 230).

[9] Vgl. Pilhofer et al. (2018, S. 530 f.); Pilhofer et al. (2020, S. 424).

[10] Vgl. Geschäftsberichte 2022 der BMW Group, Volkswagen Group und Mercedes-Benz
Group.

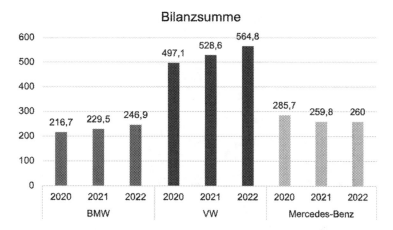

Abb. 4.1 Bilanzsummen der Automobilkonzerne von 2020–2022. (Quelle: Eigene Darstellung, auf Basis der Geschäftsberichte BMW Group, Volkswagen Group, Mercedes-Benz Group 2020–2022)

Bilanzsumme um *6,8 %* ggü. dem Vorjahr steigern.[11] *Mercedes-Benz* ist an zweiter Stelle mit *260 Mrd. €*, was dem Niveau des Vorjahres entspricht. Zuletzt weist *BMW* eine Bilanzsumme von *246,9 Mrd. €* auf. Dies entspricht einer Steigerung von *7,6 %* ggü. dem Vorjahresergebnis. Das größte Wachstum hinsichtlich der Bilanzsumme verzeichnet dementsprechend *BMW*. Die nachfolgende Abb. 4.1 stellt die Bilanzsummen der betrachteten Konzerne dar, jeweils in *Mrd. €:*

4.3 Beurteilung der Entwicklung der Cashflow- und Gewinngrößen

Der *CF* aus der operativen Tätigkeit beziffert sich zum Ende des Geschäftsjahres *2022* für *BMW* auf *23,5 Mrd. €*, für *Volkswagen* auf *28,5 Mrd. €* und für *Mercedes-Benz* auf *16,9 Mrd. €*. Es ist festzustellen, dass der *Volkswagen*-Konzern den größten operativen *CF* aufweist. Gleichwohl verzeichnet *BMW* den größten Zuwachs im Betrachtungszeitraum. Nur der *BMW*-Konzern kann einen stetigen Anstieg der *CF*-Ausprägung vorweisen, der auf eine optimale Produktions- und

---

[11] Vgl. Geschäftsbericht 2022 Volkswagen Group, S. 153.

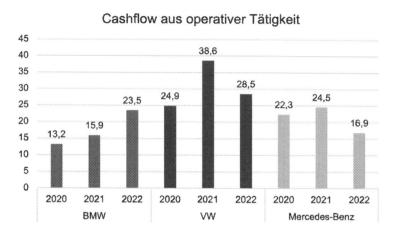

Abb. 4.2 Cashflow aus der operativen Tätigkeit von 2020–2022. (Quelle: Eigene Darstellung, auf Basis der Geschäftsberichte BMW Group, Volkswagen Group, Mercedes-Benz Group 2020–2022)

Kostenstrategie zurückzuführen ist.[12] Aufgrund der erhöhten Kapitalkosten und Lieferengpässe sank der operative *CF* bei *Volkswagen* und *Mercedes-Benz*. Die nachfolgende Abb. 4.2 vergleicht die operativen *CF* der Konzerne, jeweils in *Mrd. €:*

Der *CF* aus der Investitionstätigkeit beläuft sich zum Ende des Geschäftsjahres *2022* für *BMW* auf *−4,8 Mrd. €*, für *Volkswagen* auf *−25,5 Mrd. €* und für *Mercedes-Benz* auf *−3,5 Mrd. €*. Der *Volkswagen*-Konzern verbucht den größten negativen *CF* aus der Investitionstätigkeit. Hingegen weist *Mercedes-Benz* das größte Wachstum hinsichtlich der *CF*-Ausprägung auf. Beim *Volkswagen*-Konzern zeigt sich ein genereller Abwärtstrend, der dadurch zu begründen ist, dass die Konzerne angepasste Investitionsstrategien verfolgen, um den Auswirkungen der gegenwärtigen Krisen entgegenzuwirken. Die folgende Tab. 4.1 vergleicht die *CF* aus der Investitionstätigkeit der betrachteten Konzerne, jeweils in *Mrd. €:*

Der *CF* aus der Finanzierungstätigkeit beträgt *(Geschäftsjahr 2022)* für *BMW* *−17,9 Mrd. €*, für *Volkswagen* *4,2 Mrd. €* und für *Mercedes-Benz* *−19 Mrd. €*. Demgemäß konnte *Volkswagen* den größten Mittelzufluss verzeichnen. Sowohl *BMW* als auch *Mercedes-Benz* weisen einen steigenden Mittelabfluss auf. Es zeigt

---

[12] Vgl. Geschäftsbericht 2022 BMW Group, o. S.

Tab. 4.1 Cashflow aus der Investitionstätigkeit von 2020–2022. (Quelle: Eigene Darstellung, auf Basis der Geschäftsberichte BMW Group, Volkswagen Group, Mercedes-Benz Group 2020–2022)

BMW			VW			Mercedes-Benz		
2020	2021	**2022**	2020	2021	**2022**	2020	2021	**2022**
−3,6	−6,4	**−4,8**	−22,7	−24,2	**−25,5**	−6,4	−6,2	**−3,5**

Tab. 4.2 Cashflow aus der Finanzierungstätigkeit von 2020–2022. (Quelle: Eigene Darstellung, auf Basis der Geschäftsberichte BMW Group, Volkswagen Group, Mercedes-Benz Group 2020–2022)

BMW			VW			Mercedes-Benz		
2020	2021	**2022**	2020	2021	**2022**	2020	2021	**2022**
−8,3	−6,7	**−17,9**	7,6	−7,8	**4,2**	−10,7	−19,1	**−19**

sich ein Abwärtstrend, da die erhöhten Kapitalkosten, begründet durch den Zinsanstieg, in höheren Finanzierungskosten resultieren. Tab. 4.2 vergleicht die *CF* aus der Finanzierungstätigkeit der Konzerne, in *Mrd. €*:

Der für die Unternehmensbewertung bevorzugte *FCF* beziffert sich *(Geschäftsjahr 2022)* für *BMW* auf *18,7 Mrd. €*, für *Volkswagen* auf *3 Mrd. €* und für *Mercedes-Benz* auf *8,1 Mrd. €*. BMW konnte eine signifikante Steigerung des *FCF* verzeichnen. *Volkswagen* verzeichnet eine signifikante Reduktion des *FCF*. *Mercedes-Benz* konnte das Niveau von *2021* mit einer leichten Steigerung halten. Die nachfolgende Abb. 4.3 vergleicht die *FCF* der Konzerne, jeweils in *Mrd. €*:

Zuletzt werden die Bilanzgewinne betrachtet, um festzustellen, ob die Preissteigerungen Einflüsse auf die Gewinngrößen besitzen. *BMW* konnte zum Ende des Geschäftsjahres *2022* einen Bilanzgewinn von *5,5 Mrd. €* verzeichnen, *Volkswagen* einen Bilanzgewinn von *12 Mrd. €* und *Mercedes-Benz* einen Bilanzgewinn von *5,6 Mrd. €*. Vor allem *BMW* konnte ein kontinuierliches Wachstum aufweisen. Der *Volkswagen*-Konzern verzeichnete *2021* ein profitables Jahr, obgleich der Bilanzgewinn im Jahr *2022* sank. *Mercedes-Benz* verzeichnet ebenfalls ein konstantes Wachstum über den Betrachtungszeitraum. Es ist ersichtlich, dass alle Konzerne im Geschäftsjahr *2020* unter den Folgen der Corona-Pandemie und den dadurch resultierenden Verknappungen auf dem Absatzmarkt litten. Durch Preissteigerungen konnte der Inflation entgegengewirkt werden, sodass ein stetiges Wachstum nach der Endemie resultierte.[13] Abb. 4.4 vergleicht die Bilanzgewinne

---

[13] Vgl. Menzel (2023, o. S.).

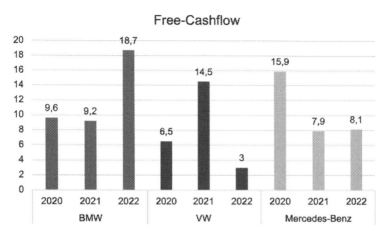

Abb. 4.3 Free-Cashflow von 2020–2022. (Quelle: Eigene Darstellung, auf Basis der Geschäftsberichte BMW Group, Volkswagen Group, Mercedes-Benz Group 2020–2022)

der Automobilkonzerne mit zusätzlicher Fokussierung auf das Krisenjahr *2020,* jeweils in *Mrd. €:*

4.4 Angaben im Anhang, Lagebericht und Prognosebericht zur Inflation

Im Folgenden werden für die betrachteten Konzerne jeweils *fünf* Kernaussagen zur Inflation analysiert, um die weiteren Auswirkungen und Maßnahmen erfassen zu können. Für die *BMW Group* lassen sich folgende Aspekte festhalten:

1. *BMW* ist betroffen von der Inflation und dem steigenden Zinsniveau.
2. *BMW* verzeichnet signifikante Kostenerhöhungen durch die Inflation.
3. *BMW* geht von einer anhaltenden Belastung durch die Inflation aus.
4. Das aktuell *(Stand: März 2023)* hohe Inflations- und Zinsniveau stellt *BMW* vor große Herausforderungen. Jedoch ist der Konzern optimistisch und rechnet mit einer stabilen Nachfrage. Ferner sollen gezielte Investitionen sowie ein starkes Lieferantennetzwerk der Inflation entgegenwirken.

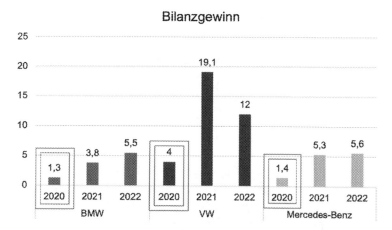

Abb. 4.4 Bilanzgewinne der Konzerne von 2020–2022. (Quelle: Eigene Darstellung, auf Basis der Geschäftsberichte BMW Group, Volkswagen Group, Mercedes-Benz Group 2020–2022)

5. *BMW* betont den Aspekt, dass eine langanhaltende, hohe Inflationsrate einen Nachfragerückgang und eine Produkt-Mix-Verschiebung auslösen kann.[14]

Die *Volkswagen Group* betont insb. die nachfolgenden Aspekte:

1. Die Versorgungsengpässe resultieren in steigenden Inflationsraten, die ceteris paribus negative Auswirkungen auf den Konzern besitzen.
2. *Volkswagen* betont die Auswirkungen der steigenden Inflationsraten auf den Aktienkurs.
3. *Volkswagen* eruiert die Verunsicherung hinsichtlich Investitionsentscheidungen, aufgrund der hohen Zinslage.
4. *Volkswagen* geht weiterhin von einem hohen Zinsniveau aus, das bis 2027 andauern soll.
5. Der private Nachfragerückgang hinsichtlich des Automobilerwerbs wird sich bei anhaltender Inflation weiter verschärfen. Der Automobilsektor korreliert mit dem Verlauf der Weltwirtschaft, weshalb die Inflation ein wesentlicher Einflussfaktor auf die Profitabilität ist.[15]

---

[14] Vgl. Geschäftsbericht 2022 BMW-Group, S. 41, 71, 123 f. und 131.
[15] Vgl. Geschäftsbericht Volkswagen-Group (2022, S. 116, 133, 225 ff. und 230).

Die *Mercedes-Benz Group* kommentiert und bewertet die Inflationslage wie folgt:

1. Der vorteilhafte Produkt-Mix und optimierte Preisdurchsetzung ermöglichten es *Mercedes-Benz,* die Auswirkungen der Inflation abzudämpfen. Die hohen Inflationsraten resultierten in Mehrkosten, die das Bruttoergebnis beeinflussten.
2. *Mercedes-Benz* kommentiert, dass die hohe Inflation die Nachfrage nach Automobilen verringern wird. Weitere Probleme, wie bspw. Produktionsstopps und Energieknappheit, können bis *2024* direkte Auswirkungen auf die finanzielle Lage des Konzerns besitzen.
3. Die Inflation führt zu sinkenden Realeinkommen und schlechteren Finanzierungsbedingungen, weswegen die Unternehmenstätigkeit ausgebremst wird. Die Inflationseffekte können gem. *IAS 29* als eigenständiger Effekt in der Gewinnrücklage der Konzernbilanz ausgewiesen werden – *Mercedes-Benz* berücksichtigte die Inflationseffekte dementsprechend.
4. *Mercedes-Benz* prognostiziert, dass die Inflationsraten im Jahr *2023* aufgrund der Zinspolitik der EZB sinken werden, wodurch die Kaufkraft der Haushalte steigen wird.
5. *Mercedes-Benz* bezeichnet konkret die hohe Inflation als Hauptfaktor für die Entscheidung über den Kauf von Fahrzeugen. Die hohen Inflationsraten und die stark steigenden Zinsen besitzen demgemäß Einfluss auf einzelne Geschäftsbereiche sowie Chancen und Risiken. Die Beschaffungsmarktrisiken erhöhen sich folglich von *niedrig* auf *hoch.*[16]

---

[16] Vgl. Geschäftsbericht Mercedes-Benz-Group (2022, S. 60, 74, 135, 144, 147 und 207); Deloitte GmbH WPG (2023, o. S.).

Resümee und Zusammenfassung der Ergebnisse

5

Die untersuchte Fragestellung der Abhandlung bezog sich auf die Auswirkungen der hohen Inflationsraten auf die Unternehmensbewertung. Die Studie konnte anhand einer theoretischen und empirischen Analyse Nachweise zu den Auswirkungen der Inflation liefern und beurteilen. Zu betonen ist, dass branchenabhängige Unterschiede bei der Inflation vorliegen.[1] Ferner konnte die Abhandlung anhand von praktischen Anwendungsfällen feststellen, dass Unternehmen die Möglichkeit besitzen, Kostenerhöhungen entgegenzuwirken, indem Preiserhöhungen an die Kunden weitergegeben werden. Diese Abhandlung schließt im Ergebnis somit die Lücke im vorliegenden Schrifttum, da gleichermaßen theoretische und empirische Befunde erlangt wurden, die eine kritische Würdigung der gegenwärtigen Inflationsraten und deren Auswirkungen hinsichtlich der Unternehmensbewertung zulassen.

Lieferengpässe auf den Beschaffungsmärkten, die Folgewirkungen der Corona-Pandemie und der allgemeine Anstieg der Energiepreise, der durch den Ukraine-Krieg zu begründen ist, sowie die expansive Geldpolitik der EZB führten zu hohen Inflationsraten und steigenden Zinsen auf den Kapitalmärkten.[2] Insb. der rasante Anstieg des Basiszinssatzes im Jahr *2022* wirkt sich nachhaltig negativ aus.[3] Die Problematik der globalen Lieferkettenstörung wird aufgrund des andauernden Krieges weiter bestehen. Die signifikanten Preissteigerungen – besonders

---

[1] Vgl. Gasch (2022, S. 49).

[2] Vgl. Hüttche und Schmid (2022, S. 496).

[3] Vgl. Zwirner et al. (2022, S. 31).

bei Gas und Strom – belasten Verbraucher und Unternehmen gleichermaßen.[4] Die Folgen sind nach wie vor relevant und werden die Wirtschaftsdynamik der Zukunft beeinflussen.

Die theoretische Analyse belegt, dass bereits einzelne Finanzierungs- und Investitionsentscheidungen maßgeblich durch die Inflationsraten beeinflusst werden. Die skalierende Zinslast resultiert in einer Reduktion der Investitionsattraktivität – dies führt bspw. zu einer Stornierung von großen Bauprojekten. Demgemäß bestehen erhebliche Auswirkungen auf den Jahresabschluss bestimmter Unternehmen des Bausektors.[5] Der Realwert einer Kapitalanlage verringert sich mit steigender Inflationsrate, wodurch ceteris paribus ein Nachteil für Investoren entsteht.[6] Zur Bewertung von Unternehmen kommt den DCF-Verfahren eine exponierte Bedeutung zu. Multiplikatoren-Vorgehensweisen in singulärer Anwendung können zu inkorrekten Ergebnissen führen, da bspw. Gewinngrößen zur Betrachtung herangezogen werden, die jedoch durch restriktive oder progressive bilanzpolitische Maßnahmen beeinflusst werden können. Dementsprechend eignen sich *CF* besonders zur Bewertung.[7]

Zur Unternehmensbewertung können unterschiedliche, jedoch kohärente DCF-Verfahrensalternativen herangezogen werden. Die DCF-Verfahren können in Equity- und Entity-Vorgehensweisen (bzw. Netto- und Brutto-Vorgehensweisen) unterschieden werden. Die Equity-Vorgehensweise, wie bspw. das Ertragswertverfahren, verfolgt die Zielsetzung, den Wert des Eigenkapitals eines Unternehmens zu bestimmen.[8] Die Entity-Vorgehensweise zeichnet sich durch unterschiedliche Methoden aus, nämlich den *WACC*-Ansatz, den *TCF*-Ansatz, den *FCF*-Ansatz und den *APV*-Ansatz.[9] Insb. zur Bewertung von börsennotierten Unternehmen wird die Entity-Vorgehensweise verwendet, falls ein Unternehmen losgelöst von der Finanzierungsebene bewertet werden soll. Die Equity-Vorgehensweise betrachtet zusätzlich die *CF* aus der Finanzierungsebene. Das DCF-Verfahren realisiert eine marktnahe Bewertung und ist demgemäß für die konstante Bewertung von börsennotierten Unternehmen sinnvoll. Es ist jedoch zu beachten, dass die der DCF-Verfahren inhärente Stringenz die Basis für eine *CF*-Betrachtung

---

[4] Vgl. Grozea-Helmenstein et al. (2022, S. 5); IDW (2022, S. 4).

[5] Vgl. Rinker (2023, o. S.).

[6] Vgl. Wendler (2022, S. 28).

[7] Vgl. Rinker (2023, o. S.); Rinker (2022, S. 11); Schmidlin (2020, S. 201).

[8] *Wird auch als Flow to Equity (FTE) bezeichnet.*

[9] Vgl. Schacht und Fackler (2008, S. 207 ff.).

bildet, die weit in der Zukunft liegen kann, weshalb Unternehmens- und Branchenkenntnisse für eine genaue Bewertung zusätzlich relevant sind.[10] Der Stand der Forschung, das Schrifttum und die Praxis kommen zu dem Ergebnis, dass das *FCF*-Verfahren die populärste Methode zur Unternehmensbewertung ist, weshalb diese Abhandlung dieser *CF*-Ausprägung eine übergeordnete Rolle zuteilwerden ließ. Bei der Untersuchung der einzelnen DCF-Verfahren fiel auf, dass die hohen Inflationsraten Einfluss auf die diversen Verfahren besitzen. Festzustellen ist, dass die Inflation eine Kostensteigerung und eine spezielle Kostenentstehung verursacht.[11] Die theoretische Analyse dieser Abhandlung gelangt weiterhin zu dem Ergebnis, dass die durch die hohen Inflationsraten steigenden Kapitalisierungszinssätze in einer Erhöhung des Kalkulationszinssatzes der Detailplanungsphase resultieren. Demgemäß kann die unmittelbare negative Auswirkung auf den bewertungsrelevanten *CF* festgestellt werden. Eine Verschlechterung des *CF* resultiert ceteris paribus in einer Reduktion des Unternehmenswertes – insofern der *CF* als Bewertungsmaßstab verwendet wird. Die Unternehmenswerte korrelieren mit den hohen Inflationsraten, indem zukünftige finanzielle Überschüsse geringer ausfallen können. Ferner besitzen die steigenden Kapitalisierungszinssätze auch auf diverse Bilanzposten negative Auswirkungen, die in sinkenden Unternehmenswerten resultieren können. Es ist sicherzustellen, dass hinsichtlich der hohen Inflationsraten die bestehenden Planungsrechnungen auf Aktualität überprüft werden, um die Berücksichtigung von Inflationseffekten zu gewährleisten. Unternehmen werden nominell bewertet, jedoch müssen die Inflationseffekte sachgerecht sowie realgetreu modelliert werden.[12] Darüber hinaus konnte das Ergebnis erlangt werden, dass sowohl der risikolose Basiszinssatz, die Marktrisikoprämie als auch der Betafaktor durch die hohen Inflationsraten beeinflusst werden.[13] Die Zinsaufwendungen steigen zunehmend durch die Inflationseffekte. De facto ist es jedoch möglich, dass Unternehmen die erhöhte Last auf die Kunden übertragen, wodurch die Preisänderungen irrelevant werden können. Dies ist insb. im Energie- und Konsumgütersektor der Fall, was dazu führt, dass vor allem der Endverbraucher und bestimmte Unternehmen von dem Preisanstieg betroffen sind. Demgemäß kann in einigen Branchen ein unveränderter oder sogar höherer Gewinn realisiert werden. In praxi kann eine vollständige Preisübertragung nur in bestimmten Fällen (unelastische Güter) auf die Kunden übertragen werden,

[10] Vgl. Seppelfricke (2020, S. 50–53).
[11] Vgl. Gasch (2022, S. 47).
[12] Vgl. Zwirner et al. (2022, S. 20 und 24); Hüttche und Schmid (2022, S. 496); Friedl und Schwetzler (2009, S. 433); Gasch (2022, S. 47); siehe auch IDW S1.
[13] Vgl. Zwirner et al. (2022, S. 24).

was in einer Senkung der *CF*-Ausprägungen resultiert. Zudem führt die Inflation zu höheren Unsicherheiten hinsichtlich geplanter Investitionen, die sich in der jeweiligen Planperiode der *CF*-Betrachtung auswirken. Weiterführend ist die Betrachtung eines unendlichen Detailplanungszeitraums nicht realistisch, da die inflationsbedingten Zinseffekte auf die Kapitalstruktur keinen Einfluss nehmen. Vielmehr sollte ein dynamisches Nicht-Rentenmodell *(Phasenmodell)* betrachtet werden, um die Auswirkungen der Zinsveränderungen feststellen zu können.[14] In Conclusio sinkt aufgrund der hohen Inflationsraten vor allem der bewertungsrelevante *FCF*.[15] Unternehmen haben jedoch die Möglichkeit, durch kosteneffiziente Produktion und Rücklagenauflösung den Auswirkungen entgegenzuwirken.[16] So konnte bspw. die *BMW Group* durch ein starkes Lieferantennetzwerk und gezielte Investitionen den Auswirkungen der Inflation entgegenwirken. Die *Mercedes-Benz Group* konnte durch eine optimierte Preisdurchsetzung den entsprechenden Mehrkosten gegensteuern. Die praktischen Anwendungsfälle zeigten zudem auf, dass bereits ein kleiner Anstieg der Inflationsrate erhebliche Auswirkungen auf den Unternehmenswert besitzen. Ferner konnte festgestellt werden, dass der Unternehmenswert aufgrund von hohen Risikozuschlägen mit dauerhaft erhöhten Inflationsraten proportional sinkt.

Die empirische Analyse ausgewählter *DAX-40*-Automobilkonzerne belegt, dass alle Unternehmen von den hohen Inflationsraten betroffen sind. Vor diesem Hintergrund verringerten sich die *FCF* zum Ende des Geschäftsjahres für *BMW* auf *18,7 Mrd. €*, für *Volkswagen* auf *3 Mrd. €* und für *Mercedes-Benz* auf *8,1 Mrd. €*. *BMW* konnte eine signifikante Steigerung des *FCF* aufzeigen. *Volkswagen* verzeichnet hingegen eine signifikante Reduktion des *FCF*. *Mercedes-Benz* konnte das Niveau von *2021* mit einer unwesentlichen Steigerung halten. Der *CF* aus der Finanzierungstätigkeit beträgt zum Ende des Geschäftsjahres *2022* für *BMW* −*17,9 Mrd. €*, für *Volkswagen* *4,2 Mrd. €* und für *Mercedes-Benz* −*19 Mrd. €*. Dementsprechend konnte *Volkswagen* den größten Mittelzufluss aufweisen. Sowohl *BMW* als auch *Mercedes-Benz* verzeichnen einen steigenden Mittelabfluss. Es resultiert ein Abwärtstrend, da die erhöhten Kapitalkosten, begründet durch den Zinsanstieg, in höheren Finanzierungskosten resultieren. Die Inflation besitzt einen geringen Einfluss auf den *CF* aus der Finanzierungstätigkeit, weil vor allem das Eigenkapital eine inflationäre Anpassung obstruiert.[17] Der *CF* aus der Investitionstätigkeit beläuft sich zum Ende des Geschäftsjahres

---

[14] Vgl. Ballwieser und Hachmeister (2021, S. 206).
[15] Vgl. Zwirner et al. (2022, S. 20 f.).
[16] Vgl. Geschäftsbericht Mercedes-Benz Group (2021, S. 8. und 154).
[17] Vgl. Gasch (2022, S. 46).

2022 für *BMW* auf *−4,8 Mrd. €*, für *Volkswagen* auf *−25,5 Mrd. €* und für *Mercedes-Benz* auf *−3,5 Mrd. €*. Der *Volkswagen*-Konzern verzeichnet den größten negativen *CF* aus der Investitionstätigkeit. Hingegen weist *Mercedes-Benz* das größte Wachstum hinsichtlich der *CF*-Ausprägung auf. Beim *Volkswagen*-Konzern zeigt sich ein zunehmender Abwärtstrend, der daraus resultiert, dass die Konzerne angepasste Investitionsstrategien verfolgen, um den Auswirkungen der Inflation entgegenzuwirken. Der *CF* aus der Investitionstätigkeit beinhaltet die inflationsbedingten Preisanstiege.[18] Der *CF* aus der operativen Tätigkeit beziffert sich zum Ende des Geschäftsjahres *2022* für *BMW* auf *23,5 Mrd. €*, für *Volkswagen* auf *28,5 Mrd. €* und für *Mercedes-Benz* auf *16,9 Mrd. €*. Festzuhalten ist, dass der *Volkswagen*-Konzern den größten operativen *CF* verzeichnet. Gleichwohl verzeichnet *BMW* den größten Zuwachs innerhalb des Betrachtungszeitraums. Nur der *BMW*-Konzern kann einen konstanten Anstieg der *CF*-Ausprägung vorweisen, der auf eine angepasste Produktions- und Kostenstrategie zurückzuführen ist.[19] Der *CF* aus der operativen Tätigkeit beinhaltet neben dem Jahresüberschuss zusätzlich die Abschreibungen, die Rückstellungen sowie das Umlaufvermögen, die alle maßgeblich durch die hohen Inflationsraten betroffen sind.[20] Überdies belegen die empirischen Befunde, dass alle betrachteten Konzerne eine Beurteilung der hohen Inflationsraten im zusammengefassten Lagebericht angegeben haben. Das Ergebnis zeigt, das die hohen Inflationsraten und der Zinsanstieg sachimmanente negative Auswirkungen auf die Vermögens-, Finanz- und Ertragslage besitzen. Insb. mit Blick auf die im Rahmen dieser empirischen Analyse festgestellten negativen Auswirkungen der Inflation konnte überdies der Nachweis erlangt werden, dass alle Konzerne mit angepassten Strategien ein positives Wachstum hinsichtlich der Bilanzgewinne vorweisen konnten.

Angesichts der derzeitigen globalen wirtschaftlichen Unsicherheit, in der viele Länder steigende Inflationsraten und Zinssätze verzeichnen, stellt sich die Frage, ob diese Anstiege eine Änderung der aktuellen Erwartungen des Marktes hinsichtlich zukünftiger langfristiger Annahmen darstellen oder ob sie eine Anomalie darstellen, die auf kurzfristige Annahmen zurückzuführen ist.[21] Die etwaigen Auswirkungen können unmittelbar mittels einer Folgenabschätzungsanalyse überprüft werden, um auf den Anstieg des Zinsniveaus reagieren zu können.[22] Die Erwartungen hinsichtlich der Preisentwicklung bedürfen einer Konkretisierung.

---

[18] Vgl. Gasch (2022, S. 45).
[19] Vgl. Geschäftsbericht 2022 BMW Group, o. S.
[20] Vgl. Gasch (2022, S. 45).
[21] Vgl. PricewaterhouseCoopers LLP (2022b, o. S.); Hüttche und Schmid (2022, S. 502).
[22] Vgl. Bodemer und Disch (2014, S. 101).

Dies ist insb. relevant, wenn Zweifel an der *Going-Concern-Prämisse* beste-hen.[23] Große Kapitalgesellschaften sollten aufgrund der Vorbildfunktion Angaben zu den Auswirkungen der hohen Inflationsraten betonen.[24] Ferner ist zu hin-terfragen, ob der VPI als Richtmaß für die Inflationsraten verwendet werden sollte, da der VPI das Konsumentenverhältnis darstellt, wenngleich Produzen-ten vernachlässigt werden. Zusätzlich werden Immobilien vom Warenkorb nicht erfasst, welche für unterschiedliche Unternehmen von signifikanter Bedeutung sind. Da der grundsätzliche betriebswirtschaftliche Umfang eines Unternehmens unterschiedlich sein kann, ist die Verwendung des VPI als Richtmaß jedoch akzeptabel.[25] Des Weiteren zeigt dieses Buch auf, dass Unternehmen sowie Unternehmensbewerter sich intensiv mit Wechselwirkungen der Inflation ausein-andersetzen sollten, um die Auswirkungen auf die Bewertung festzustellen und inflationsorientierte Handlungsanweisungen zu identifizieren.[26] Summa Summa-rum verbietet sich eine allgemeine Aussage zu den Auswirkungen der hohen Inflationsraten auf alle Unternehmen, da die Auswirkungen individueller Natur sind. Gleichwohl sind eindeutige Auswirkungen und Tendenzen zu erkennen. Die Anhebung des Zinsniveaus durch die EZB wird überwiegend keine positi-ven Effekte auf die finanzielle Lage von Unternehmen besitzen.[27] Es lässt sich jedoch bereits feststellen, dass die Inflationsraten sinken. Vor dem Hintergrund des anhaltenden Ukraine-Konflikts sowie der entstandenen Nahost-Problematik bleibt abzuwarten, inwieweit die Inflationsraten beeinflusst werden. Ob die kom-plexen Auswirkungen der hohen Inflationsraten im Ergebnis einen signifikanten Einfluss auf die Unternehmensbewertung besitzen, darf mit Blick auf die hier gewonnenen theoretischen und empirischen Befunde somit insgesamt bezweifelt werden, da nicht jedes Unternehmen gleichermaßen von der Inflation betroffen ist.

---

[23] Vgl. IDW (2022, S. 6).
[24] Vgl. Gasch (2022, S. 49).
[25] Vgl. Gasch (2022, S. 50).
[26] Vgl. Zwirner et al. (2022, S. 1).
[27] Vgl. Zwirner et al. (2022, S. 30).

Was Sie aus diesem *essential* mitnehmen können

- Das *essential* hat verdeutlicht, wie Inflation die Bewertung von Unternehmen beeinflusst hat, vor allem im Kontext der Discounted-Cashflow-Methoden (DCF).
- Ziel war die umfassende Analyse der Auswirkungen hoher Inflationsraten, die über die Makroökonomie hinausgingen und sowohl Einnahmen als auch Gesamtwert von Unternehmen betrafen.
- Das *essential* hat hervorgehoben, wie Geldentwertung spezifische Parameter der DCF-Verfahren beeinflusst hat, was wesentliche Einblicke in finanzielle Modelle ermöglichte.
- Kritische Prognosen wurden durch die empirische Analyse von ausgewählten DAX-40-Unternehmen überprüft, um die theoretischen Überlegungen im *essential* zu verifizieren.
- Das *essential* hat betont, dass trotz genereller negativer Auswirkungen von hoher Inflation auf Geldflüsse, Unternehmen unterschiedlich darauf reagieren konnten. Es lieferte Einblicke in potenzielle Strategien zur Bewältigung dieser Herausforderungen.

S. Georg et al., *Die Auswirkungen der hohen Inflationsraten auf die Unternehmensbewertungen*, essentials, https://doi.org/10.1007/978-3-658-44529-4

Appendix A

Synopse zur Abgrenzung der Zahlungsstromverfahren. (Quelle: Eigene Darstellung, in Anlehnung an Seppelfricke 2012, S. 36; Seppelfricke 2020, S. 52)

Verfahren	Entity-Vorgehensweise			Equity-Vorgehensweise
	WACC	TCF	APV	Nettoverfahren
CF-Definition	FCF • Vor Zinsen • Bei fiktiver vollständiger Eigen-finanzierung	FCF • Vor Zinsen • Bei tatsächlicher EK-Struktur	FCF • Vor Zinsen • Bei fiktiver vollständiger Eigen-finanzierung	FCF • Nach Zinsen
Abbildung Tax-Shield	Kapitalkosten	FCF	Barwert Tax-Shield	FCF
Diskontierungszinssatz	WACC • EK-Kosten für verschuldete Unternehmen	Gewogene Kapitalkosten • EK-Kosten für das verschuldete Unternehmen • FK-Kosten ohne Tax-Shield	Rendite-forderung der EK-Geber für das unverschuldete Unternehmen am Kapitalmarkt	Rendite-forderung der EK-Geber für das verschuldete Unternehmen am Kapitalmarkt
Ermittlung d. Shareholder Value	$GK_{MW} - FK_{MW} =$ Shareholder Value	$GK_{MW} - FK_{MW} =$ Shareholder Value	GK_{MW} + Barwert Tax Shield $- FK_{MW}$ = Shareholder Value	EK_{MW} = Shareholder Value

Appendix B

Gliederungsschema der Kapitalflussrechnung gem. DRS 21 nach der indirekten Methode zur Ermittlung der Cashflow-Ausprägungen. (Quelle: Eigene Darstellung, in Anlehnung an Seppelfricke 2012, S. 51; DRSC 2014, S. 17 ff. sowie Coenenberg et al. 2012, S. 1083 ff.)

1		Periodenergebnis
2	−/+	Abschreibungen/Zuschreibungen auf Gegenstände des AV
3	+/−	Zunahme/Abnahme der Rückstellungen
4	+/−	Sonstige zahlungswirksame Aufwendungen/Erträge
5	+/−	Zunahme/Abnahme der Vorräte, der Forderungen aus Lieferung und Leistung sowie anderer Aktiva, die nicht der Investitions- oder Finanzierungstätigkeit zuzuordnen sind
6	+/−	Zunahme/Abnahme der Verbindlichkeiten aus Lieferung und Leistung sowie anderer Passiva, die nicht der Investitions- oder Finanzierungstätigkeit zuzuordnen sind
7	+/−	Gewinn/Verlust aus dem Abgang von Gegenständen des AV
8	+/−	Zinsaufwendungen/Zinserträge
9	−	Sonstige Beteiligungserträge
10	+/−	Aufwendungen/Erträge aus außerordentlichen Posten
11	−/+	Ertragsteueraufwand/-ertrag
12	+	Einzahlungen aus außerordentlichen Posten
13	−	Auszahlungen aus außerordentlichen Posten
14	+/−	Ertragsteuerzahlungen
15	=	**Cashflow aus operativer Geschäftstätigkeit**

S. Georg et al., *Die Auswirkungen der hohen Inflationsraten auf die Unternehmensbewertungen*, essentials, https://doi.org/10.1007/978-3-658-44529-4

16	+	Einzahlungen aus Abgängen von Gegenständen des Sachanlagevermögens
17	−	Auszahlungen für Investitionen in das immaterielle AV
18	+	Einzahlungen aus Abgängen von Gegenständen des Sachanlagevermögens
19	−	Auszahlungen für Investitionen in das Sachanlagevermögen
20	+	Einzahlungen aus Abgängen von Gegenständen des Finanzanlagevermögens
21	−	Auszahlungen für Investitionen in das Finanzanlagevermögen
22	+	Einzahlungen aus Abgängen aus dem Konsolidierungskreis
23	−	Auszahlungen für Zugänge zum Konsolidierungskreis
24	+	Einzahlungen aufgrund von Finanzmittelanlagen im Rahmen der kurzfristigen Finanzmitteldisposition
25	−	Auszahlungen aufgrund von Finanzmittelanlagen im Rahmen der kurzfristigen Finanzmitteldisposition
26	+	Einzahlungen aus außerordentlichen Posten
27	−	Auszahlungen aus außerordentlichen Posten
28	+	Erhaltene Zinsen
29	+	Erhaltene Dividenden
30	**=**	**Cashflow aus der Investitionstätigkeit**
31	+	Einzahlungen aus Eigenkapitalzuführungen von Gesellschaftern des Mutterunternehmens
32	+	Einzahlungen aus Eigenkapitalzuführungen von anderen Gesellschaftern
33	−	Auszahlungen aus Eigenkapitalherabsetzungen an Gesellschafter des Mutterunternehmens
34	−	Auszahlungen aus Eigenkapitalherabsetzungen an andere Gesellschafter
35	+	Einzahlungen aus der Begebung von Anleihen und der Aufnahme von Krediten
36	−	Auszahlungen aus der Tilgung von Anleihen und Krediten
37	+	Einzahlungen aus erhaltenen Zuschüssen/Zuwendungen
38	+	Einzahlungen aus außerordentlichen Posten
39	−	Auszahlung aus außerordentlichen Posten
40	−	Gezahlte Zinsen
41	−	Gezahlte Dividenden an Gesellschafter des Mutterunternehmens
42	−	Gezahlte Dividenden an andere Gesellschafter
43	**=**	**Cashflow aus der Finanzierungstätigkeit**

Literatur

Anderegg, R. (2007). Grundzüge der Geldtheorie und Geldpolitik. München: Oldenbourg Verlag.

Ballwieser, W., Hachmeister, D. (2021). Unternehmensbewertung – Prozess, Methoden und Probleme. 6. Auflage. Stuttgart: Schäffer-Poeschel.

Becker, H., Peppmeier, A. (2018). Investition und Finanzierung – Grundlagen der betrieblichen Finanzwirtschaft, 8. Auflage, Wiesbaden: Springer Gabler.

Beeker, D. (2016). VWL für Dummies. Weinheim: Wiley.

Bieg, H., Kußmaul, H. (2009). Investition. 2. Auflage. München: Franz Vahlen.

Bodemer, S. Disch, R. (2014). Corporate Treasury Management – Organisation, Governance, Cash- und Liquiditätsrisikomanagement, Zins- und Währungsrisikomanagement. Stuttgart: Schäffer-Poeschel.

Boerner, S. (2009). Das Inflation Targeting unter dem Aspekt der Inflationsunsicherheit. Köln: Kölner Wissenschaftsverlag.

Breulmann, U. (2022). Riesengewinne von RWE und Co. sind unmoralisch. Erreichbar unter: https://www.ruhrnachrichten.de/regionales/energiekrise-kommentar-riesengewinne-von-rwe-und-co-sind-unmoralisch-w1778364-2000593456/. Abruf am 12.03.2023.

Bundeszentrale für politische Bildung (o. J.). Inflation. Erreichbar unter: https://www.bpb.de/kurz-knapp/lexika/lexikon-der-wirtschaft/19723/inflation/. Abruf am 16.11.2022.

Coenenberg, A., Haller, A., Schultze, W. (2012). Jahresabschluss und Jahresabschlussanalyse: Betriebswirtschaftliche, handelsrechtliche, steuerrechtliche und internationale Grundlagen – HGB, IAS/IFRS, US-GAAP, DRS. 22. Auflage. Stuttgart: Schäffer-Poeschel.

Conrad, C. (2020). Wirtschaftspolitik – Eine praxisorientierte Einführung. 2. Auflage. Wiesbaden: Springer Gabler.

Danzer, A. (2022). Risikokapital sitzt nicht mehr so locker. In: DER STANDARD. Finanzen und Märkte. Donnerstag, 20. Oktober 2022.

Deloitte GmbH WPG. (2023). IAS 29. Erreichbar unter: https://www.iasplus.com/de/standards/ias/ias29. Abruf am 19.03.2023.

Derr, T., Georg, S., Heiler, C. (2021). Die disruptive Innovation durch Streamingdienste. Wiesbaden: Springer Gabler.

Deutsche Bundesbank (2012). Inflation – Lehren aus der Geschichte. Erreichbar unter:
    https://www.bundesbank.de/de/aufgaben/themen/inflation-lehren-aus-der-geschichte-
    614516. Abruf am 3.12.2022.
Deutsche Bundesbank (2022). EZB-Rat erhöht Leitzinsen erneut um 75 Basispunkte.
    Erreichbar unter: https://www.bundesbank.de/de/aufgaben/themen/ezb-rat-erhoeht-leitzi
    nsen-erneut-um-75-basispunkte-899350. Abruf am: 02.12.2022.
Deutsche Bundesbank (2023). EZB-Rat erhöht Leitzinsen um 50 Basispunkte. Erreichbar
    unter: https://www.bundesbank.de/de/aufgaben/themen/ezb-rat-erhoeht-leitzinsen-um-
    50-basispunkte-904208. Abruf am: 07.03.2023.
Dilger, A. (2021). Kapitalwert bei Null- und Negativzinsen. In: Diskussionspapier des Insti-
    tuts für Organisationsökonomik, 04/2021.
DRSC (2014). Deutscher Rechnungslegungs Standard Nr. 21. Kapitalflussrechnung. Erreich-
    bar unter: https://www.drsc.de/app/uploads/2017/02/140219_DRS_21_near-final.pdf.
    Abruf am: 04.01.2023.
Eayrs, W., Ernst, D., Prexl, S. (2011). Corporate Finance Training – Planung, Bewertung und
    Finanzierung von Unternehmen. 2. Auflage. Stuttgart: Schäffer-Poeschel.
Eisenzapf, D., Meser, M., Reinbacker, P. (2022). Der Einfluss der Marke auf den Unterneh-
    menswert. In: Aders, C. et al. (Hrsg.). CORPORATE FINANCE Magazin – Nr. 09–10.
    30.09.2022. S. 281–291.
Ernst, D., Schneider, S., Thielen, B. (2017). Unternehmensbewertungen erstellen und verste-
    hen – Ein Praxisleitfaden. 6. Auflage. München: Franz Vahlen.
Europäische Zentralbank (2022a). Was ist Inflation? Erreichbar unter: https://www.ecb.eur
    opa.eu/ecb/educational/explainers/tell-me-more/html/what_is_inflation.de.html.   Abruf
    am: 16.11.2022.
Europäische Zentralbank (2022b). Aufgaben. Erreichbar unter: https://www.ecb.europa.eu/
    ecb/tasks/html/index.de.html. Abruf am: 01.12.2022.
Friedl, G., Schwetzler, B. (2010). Unternehmensbewertung bei Inflation und Wachstum. In:
    Zeitschrift für Betriebswirtschaft, S. 417–440. Wiesbaden: Gabler.
Gasch, S. (2022). Die Problematik der Inflation in der Rechnungslegung. Wiesbaden: Sprin-
    ger Gabler.
Georg, S. (2024a). Europäische Zentralbank (EZB). Erreichbar unter: https://wl-wirtschaftsl
    ehre.de/ezb/. Abruf am: 18.04.2024.
Georg, S. (2024b). Das magische Viereck. Erreichbar unter: https://wl-wirtschaftslehre.de/
    das-magische-viereck/. Abruf am: 18.04.2024.
Georg, S., Heiler, C., Derr, T. (2020). Die statische und dynamische Investitionsrechnung –
    mit praktischen Modellrechnungen & Case Studies. Berlin: Epubli.
Gerbes, L-Z. (2022). Wahrnehmung und Wirklichkeit. In: Handelsblatt Wochenende 30.
    September Bis 3. Oktober 2022, Nr. 190, S. 36.
Geschäftsbericht BMW Group 2021. Erreichbar unter: https://www.bmwgroup.com/de/inv
    estor-relations/unternehmensberichte.html. Abruf am: 13.03.2023.
Geschäftsbericht BMW Group 2022. Erreichbar unter: https://www.bmwgroup.com/de/inv
    estor-relations/unternehmensberichte.html. Abruf am 15.03.2023.
Geschäftsbericht Mercedes-Benz Group 2021. Erreichbar unter: https://group.mercedes-
    benz.com/investoren/berichte-news/geschaeftsberichte/2021/. Abruf am: 15.03.2023.
Geschäftsbericht Mercedes-Benz Group 2022. Erreichbar unter: https://group.mercedes-
    benz.com/investoren/berichte-news/geschaeftsberichte/2022/. Abruf am: 15.03.2023.

Geschäftsbericht Volkswagen Group 2021. Erreichbar unter: https://www.volkswage nag.com/de/InvestorRelations/news-and-publications/Annual_Reports.html. Abruf am 12.03.2023.

Geschäftsbericht Volkswagen Group 2022. Erreichbar unter: https://www.volkswagenag. com/de/InvestorRelations/news-and-publications/Annual_Reports.html. Abruf am: 14.03.2023.

Godek, M. (2018). Haufe-Lexware GmbH & Co. KG. IFRS-Bilanzierung in Deutschland. Erreichbar unter: https://www.haufe.de/finance/buchfuehrung-kontierung/ifrs-oder-hgb-eine-entscheidungshilfe/ifrs-bilanzierung-in-deutschland_186_448522.html. Abruf am: 16.11.2022.

Gröschel, U. (1986). Inflation und Beschäftigung in Volkswirtschaften mit Güter- und Arbeitsmarktkontrakten. In: Ashauer, G. et al. (Hrsg.). Untersuchungen über das Spar-, Giro- und Kreditwesen. Abt. A, Wirtschaftswissenschaft, Band 131. Berlin: Duncker & Humblot.

Grozea-Helmenstein, D., Kirsch, F., Weyerstraß, K. (2022). RWI-Konjunkturberichte. Die wirtschaftliche Entwicklung im Ausland und im Inland zur Jahreswende 2021/2022. Jahrgang 73. Heft 1. Essen: Leibniz-Institut für Wirtschaftsforschung. S. 5–37.

Hasler, P.-T. (2013). Quintessenz der Unternehmensbewertung – Was Sie als Investor und Entscheider wissen müssen. Berlin, Heidelberg: Springer Gabler.

Heesen, B. (2020), Basiswissen Bilanzanalyse – Schneller Einstieg in Jahresabschluss, Bilanz und GuV. 4. Auflage. Wiesbaden: Springer Gabler.

Heesen, B., Heesen, M. (2021). Basiswissen Unternehmensbewertung. Wiesbaden: Springer Gabler.

Herrmann, M. (2012). Grundzüge der Volkswirtschaftslehre – Arbeitsbuch. 4. Auflage. Stuttgart: Schäffer-Poeschel.

Hirth, H. (2017). Grundzüge der Finanzierung und Investition. 4. Auflage. Oldenbourg: De Gruyter.

Hüttche, T., Schmid, F. (2022). Update Unternehmensbewertung 2022: Aktuelles aus Lehre, Praxis und Rechtsprechung zur Unternehmensbewertung. In: Expert Focus. Oktober 2022. Unternehmensberatung. S. 493–502.

IDW (2022). Auswirkungen der Turbulenzen auf den Energiemärkten auf die Energiebranche – Fachlicher Hinweis des Energiefachausschusses (EFA). Erreichbar unter: https:// www.idw.de/idw/idw-aktuell/fachlicher-hinweis-des-efa-zu-den-auswirkungen-der-tur bulenzen-auf-den-energiemaerkten-auf-die-energiebranche.html. Abruf am 24.12.2022.

Ivanov, A. (2022). Die Inflationsrate in Deutschland von 2005 bis 2022. Erreichbar unter: https://www.handelsblatt.com/finanzen/geldpolitik/inflation-bei-7-3-prozent-die-inflat ionsrate-in-deutschland-von-2005-bis-2022/26252124.html. Abruf am 16.11.2022.

Kahnemann, D. (2012). Schnelles Denken, langsames Denken. Nobelpreis für Wirtschaft. München: Penguin.

Kaiser, D. (2013). Advanced Treasury Management – Finanzierung und Investition für Fortgeschrittene. Wiesbaden: Springer Gabler.

Kuhner, C., Maltry, H. (2017). Unternehmensbewertung. 2. Auflage. Wiesbaden: Springer Gabler.

Liedke, J. (2022). Das Wichtigste zum Leitzins der Europäischen Zentralbank. Erreichbar unter: https://www.handelsblatt.com/finanzen/geldpolitik/ezb-leitzins-das-wichtigste-zum-leitzins-der-europaeischen-zentralbank-/28281022.html. Abruf am: 02.12.2022.

Lippens, W. (1991). Im Kreislauf der Wirtschaft – Einführung in die Volkswirtschaftslehre. Köln: Bank-Verlag.

Mäder, O. (2018). Controlling klipp & klar. In Schuster, P. (Hrsg.). WiWi klipp & klar. Wiesbaden: Springer Gabler.

Matschke, M. J., Brösel, G. (2013). Unternehmensbewertung: Funktionen – Methoden – Grundsätze. 4. Auflage. Wiesbaden: Springer Gabler.

Matschke, M. J., Brösel, G. (2014). Funktionale Unternehmensbewertung – Eine Einführung. Wiesbaden: Springer Gabler.

Meitner, M., Streitferdt, F. (2011). Unternehmensbewertung – Verändertes Bewertungsumfeld, Krisenunternehmen, unsichere zukünftige Inflationsentwicklung, Wertbeitragsrechnung, innovative Lösungsansätze. Stuttgart: Schäffer-Poeschel.

Menzel, S. (2023). Neu- und Gebrauchtwagenpreise in Deutschland erreichen Rekordhoch. Erreichbar unter: https://www.handelsblatt.com/unternehmen/industrie/inflation-neu-und-gebrauchtwagenpreise-in-deutschland-erreichen-rekordhoch/28930812.html. Abruf am 12.03.2023.

Pellens, B., Fülbier, R., Gassen, J., Sellhorn, T. (2017). Internationale Rechnungslegung: IFRS 1 bis 17, IAS 1 bis 41, IFRIC-Interpretationen, Standardentwürfe. 10. Auflage. Stuttgart: Schäffer-Poeschel.

Perret, J., Welfens, P. (2019). Arbeitsbuch Makroökonomik und Wirtschaftspolitik: Grundlagen – Aufgaben – Lösungen. 2. Auflage. Berlin: Springer Gabler.

Pfannmöller, J. (2018). Kreative Volkswirtschaftslehre – Eine handlungs- und praxisorientierte Einführung in die Volkswirtschaftslehre. Wiesbaden: Springer Gabler.

Pilhofer, J., Herr, S., Thom, A. (2018). Ausweis von Forschungs- und Entwicklungsaufwendungen in der Gewinn- und Verlustrechnung nach IFRS. IRZ 2018, 527.

Pilhofer, J., Herr, S., Wagner, R. (2020). Auswirkungen der Erstanwendung von IFRS 16 auf den Konzernabschluss und den Konzernlagebericht. KoR, Nr. 10 vom 06.10.2020.

Prätsch, J., Schikorra, U., Ludwig, E. (2007). Finanzmanagement. 3. Auflage. Berlin, Heidelberg: Springer.

PricewaterhouseCoopers Deutsche Revision (2004). IAS/IFRS – Kapitalmarktorientierte Unternehmen in Deutschland. Erreichbar unter: https://rsw.beck.de/rsw/upload/BC/ias pwc_1.pdf. Abruf am: 16.11.2022.

PricewaterhouseCoopers LLP (2022a). Navigating IFRS Accounting Standards in periods of rising inflation, Viewpoint, GX In depth INT2022-12 of 14.10.2022, S. 1–33.

PricewaterhouseCoopers LLP (2022b). Have WACCs changed for December 2022 financial year ends? Viewpoint, GX In brief INT2022-20 of 09.12.2022. Erreichbar unter: https://viewpoint.pwc.com/dt/gx/en/pwc/in_briefs/in_briefs_INT/in_briefs_INT/have-waccs-changed-for-december-2022-financial-year-ends.html. Abruf am 22.12.2022.

Prümer, M. (2005). Cash Flow Management – Wie Unternehmen langfristig Liquidität und Rentabilität sichern. Wiesbaden: Gabler.

PwC eValuation Data Deutschland (2022). Kapitalmarktdaten Medien. Erreichbar unter: https://pwc-tools.de/kapitalkosten/kapitalmarktdaten-medien/. Abruf am: 30.12.2022.

Regner, W. (2022). Wachstum top, Performance flop. In: GELD-MAGAZIN, MÄRKTE & FONDS, Emerging Markets, November 2022, S. 34–36.

Rinker, C. (2022). Bilanzpolitik, Bilanzkosmetik, Bilanzfälschung – Gestaltungsspielräume nutzen und Manipulation erkennen. München: Franz Vahlen.

Rinker, C. (2023). Steigende Darlehenszinsen: Was dies für den Jahresabschluss von Bauträgern bedeutet. Erreichbar unter: https://www.nwb-experten-blog.de/steigende-darlehenszinsen-was-dies-fuer-den-jahresabschluss-von-bautraegern-bedeutet/. Abruf am: 20.03.2023.

Schacht, U., Fackler, M. (2009). Discounted-Cash-flow-Verfahren. In: Schacht, U., Fackler, M. (Hrsg.). Praxishandbuch Unternehmensbewertung – Grundlagen, Methoden, Fallbeispiel. 2. Auflage. Wiesbaden: Gabler.

Schawel, C., Billing, F. (2004). Top 100 Management Tools: Das wichtigste Buch eines Managers. Wiesbaden: Gabler.

Schmeisser, W. (2010). Corporate Finance und Risk Management. München: Oldenbourg Verlag.

Schmidlin, N. (2020). Unternehmensbewertung & Kennzahlenanalyse – Praxisnahe Einführung mit zahlreichen Fallbeispielen börsennotierter Unternehmen. 3. Auflage. München: Franz Vahlen.

Schmitz, S. (2016). Wirtschaftskrisen und Rechnungslegung – Stabilitätsorientierung des Jahresabschlusses. In: Matschke, M. J. et al. (Hrsg.). Finanzwirtschaft, Unternehmensbewertung & Revisionswesen. Wiesbaden: Springer Gabler.

Schulz, A. (2022). Wie die Inflation den Zinsdruck erhöht. Erreichbar unter: https://www.ey.com/de_de/tax-law-magazine/die-inflation-erhoeht-den-zinsdruck-was-bedeutet-das. Abruf am 16.11.2022.

Schwarz, M. (2022). Die Antworten auf den Energiepreisschock in eine Klimaschutzstrategie einbetten. KfW Research. Fokus Volkswirtschaft. Erreichbar unter: https://www.kfw.de/PDF/Download-Center/Konzernthemen/Research/PDF-Dokumente-Fokus-Volkswirtschaft/Fokus-2022/Fokus-Nr.-385-Juni-2022-Energiepreise.pdf. Abruf am 12.03.2023.

Seppelfricke, P. (2012). Handbuch Aktien- und Unternehmensbewertung – Bewertungsverfahren, Unternehmensanalyse, Erfolgsprognose. 4. Auflage. Stuttgart: Schäffer-Poeschel.

Seppelfricke, P. (2020). Unternehmensbewertung – Methoden, Übersichten und Fakten für Praktiker. Stuttgart: Schäffer-Poeschel.

Seppelfricke, P. (2019). Unternehmensanalysen – Wie man die Zukunft eines Unternehmens prognostiziert. Stuttgart: Schäffer-Poeschel.

Statista GmbH (2022a). Inflationsrate in Deutschland von Oktober 2021 bis Oktober 2022. Erreichbar unter: https://de.statista.com/statistik/daten/studie/1045/umfrage/inflationsrate-in-deutschland-veraenderung-des-verbraucherpreisindexes-zum-vorjahresmonat/. Abruf am: 16.11.2022.

Statista GmbH (2022b). Entwicklung des Zinssatzes der Europäischen Zentralbank für das Hauptrefinanzierungsgeschäft von 1999 bis 2022. Erreichbar unter: https://de.statista.com/statistik/daten/studie/201216/umfrage/ezb-zinssatz-fuer-das-hauptrefinanzierungsgeschaeft-seit-1999/. Abruf am: 02.12.2022.

Statistisches Bundesamt (2022a). Pressemitteilung Nr. 472 vom 11. November 2022. Erreichbar unter: https://www.destatis.de/DE/Presse/Pressemitteilungen/2022/11/PD22_472_611.html. Abruf am 17.11.2022.

Statistisches Bundesamt (2022b). Verbraucherpreisindex und Inflationsrate. Erreichbar unter: https://www.destatis.de/DE/Themen/Wirtschaft/Preise/Verbraucherpreisindex/_inhalt.html. Abruf am: 03.12.2022.

Statistisches Bundesamt (2022c). Harmonisierter Verbraucherpreisindex (HVPI). Erreichbar unter: https://www.destatis.de/DE/Themen/Wirtschaft/Preise/Verbraucherpreisin

dex/Methoden/Erlaeuterungen/harmonisierter-verbraucherpreisindex.html. Abruf am 30.11.2022.

Statistisches Bundesamt (2023). Verbraucherpreisindex und Inflationsrate. Erreichbar unter: https://www.destatis.de/DE/Themen/Wirtschaft/Preise/Verbraucherpreisindex/_inhalt. html. Abruf am: 07.03.2023.

Walter, R. (2011). Wirtschaftsgeschichte – Vom Merkantilismus bis zur Gegenwart. 5. Auflage. Köln, Weimar, Wien: Böhlau Verlag.

Weeber, J. (2022). Zentralbanken, Geld und Inflation. Wiesbaden: Springer Gabler.

Welfens, P. (2022). Russlands Angriff auf die Ukraine – Ökonomische Schocks, Energie-Embargo, Neue Weltordnung. Wiesbaden: Springer Gabler.

Wellmann, A., Hünseler, J. (2003). Makroökonomik. München: Oldenbourg Verlag.

Wendler, M. (2022). Privates Vermögensmanagement – Grundlagen und Strategien zu Aktien, Anleihen und Immobilien. Stuttgart: Schäffer-Poeschel.

Wenzel, K., Hoffmann, A. (2009). Unternehmensbewertung nach IDW S 1 i. d. F. 2008 – Anwendung des Ertragswertverfahrens bei Kapitalgesellschaften unter Berücksichtigung der Unternehmensteuerreform 2008. BBK Nr. 1 vom 02.01.2009, S. 25. Herne: NWB.

Wöltje, J. (2016). Bilanzen lesen, verstehen und gestalten. 12. Auflage. Freiburg, München: Haufe.

ZEIT ONLINE (2022). Inflation in Eurozone steigt auf Höchstwert von 10,6 Prozent. Erreichbar unter: https://www.zeit.de/wirtschaft/2022-11/inflation-eurozone-rekordwert-verbraucherpreise?utm_referrer=https%3A%2F%2Fwww.google.com%2F. Abruf am: 17.11.2022.

Zinnecker, S. (2022). EZB erhöht Leitzins auf 2 Prozent: Gründe und Folgen. Erreichbar unter: https://www.forbes.com/advisor/de/geldanlage/was-ist-leitzins/. Abruf am: 02.12.2022.

Zugehör, P. (2022). StuB-Beilage: Inflation und unsichere Zeiten – Auswirkungen auf Rechnungslegung und Unternehmensbewertung. StuB Nr. 21 vom 11.11.2022 – NWB FAAAJ-25334. NWB Verlag.

Zwirner, C., Zimny, G., Vodermeier, M. (2022). StuB-Beilage: Inflation und unsichere Zeiten – Auswirkungen auf Rechnungslegung und Unternehmensbewertung: Hintergründe, Konsequenzen und Risiken. StuB Nr. 21 vom 11.11.2022 – NWB MAAAJ-24993. NWB Verlag.

Printed in the United States
by Baker & Taylor Publisher Services